宇宙牖啓于：坤地卦

自序

易經錯了幾千年，史記以來易經版本可謂「千篇一律」，難袪窠臼，遍觀數千年所有「易經著作」。始自：「夏、殷商、周」，以來，易經除了「六十四卦相」無法可改之外，易經之「全部內容」已多被各個朝代改成：「史記」與「占不占、卜不卜」的「民間閒雜事之記述」。引申，如：「大壯卦」：六五：「喪羊于易、無悔」。坤卦之：「先迷後得」、「先迷失道」。睽卦九二：「遇主于巷」上九：「匪寇婚媾，往遇雨則吉，群疑亡也」等等。

在易經的「每一卦辭、彖辭、爻辭、象辭……等」比比皆錯。損卦六五：「十朋之龜」。

華夏「易經」，即：「伏羲先天六十四卦相」。

「卦相學理」已無載述「天象學理論」，而將此「瑰寶文明的：宇宙觀大學論」，數千年來之聖賢皆：「以辭說項」，即濟：「看辭說故事」般的闡述「易經」，甚至連「爻法對應」亦「諸多錯解」，且諸家各倚辭立論。

「伏羲先天六十四卦」之「卦相」乃有其「宇宙觀100%

䷀乾天大太空」創建出「5%

䷸巽天大太空（星系世

界)」，其「創建」、「循環」、「生滅」、「共構時空」的法則，皆俱足于：「伏羲先天六十四卦象之中」。

本人研習「伏羲先天六十四卦」卦相之：「法、理、道」，即：「不易、簡易、變易」之總和相，近五十年來，研習而知「伏羲先天六十四卦」乃一部唯有在「中土華夏」的「宇宙學論大經典」伏藏著「宇宙密碼」在：「連山易圖」之「數據變渙于六爻卦相的陰陽六爻定論，每一卦皆在闡述：宇宙大學論」。

緣於對「六十四卦相」解讀出：「連山易圖有數字密碼變渙，且運用于：六十四卦每一卦的變易法則」。

已經將「易經」改為「天象學理論」，並將爻、卦、彖、象辭，全部以「六十四卦相」作：「天象卦爻辭」之解釋，以釋論「伏羲先天六十四卦」乃「宇宙大觀論」，將陸續出版「伏羲先天六十四卦相」之天象學理論，分冊出版。

林永昌　謹識於　高雄

前言

「伏義先天八卦圖」乃「宇宙100%」由「三分☰乾卦」立定「中心太極點」呈立：「三點中心定軸」，由「☰乾卦之：三和定軸生呈☷坤地卦」而顯現：「上、中、下」立定：「一軸轂」巽旋於「三百六十度為一周天」，曰：「周天易」。

周天軸轂☴巽於之「磁場能量」乃生呈「左☲離、右☵坎」☴巽旋出：「四正卦」與「四隅卦」，「八卦」生呈「

一方宇宙星系世界」，而「天地宇宙之時間與空間」乃緣由：「星系互旋互引」之磁場產生「斥、合、和」的「磁孚共構運轉同軸」生呈：「時間軸」之「總磁能量場」共構「大星系外圍共旋」之星系磁能量場同運轉於：「同一時間中軸」，而產生：「時間磁場」共構「空間星系磁場」，產生：「時間」、「空間」、「共體運轉」，且「循環往復」行歷「時空」之有「生滅定律」。

「伏羲先天八卦圖」：「☰乾天卦相」為：「三分體相」，定軸成立：「三和體相」，「陰、陽」於「八單卦」中「互相對應爻位」，並由「陰、陽」兩極，「左、右」互旋，其「磁能量場」形成「星系磁孚」於「☰☰乾天大太空間」，故：「星系總稱：☴☴巽天大太空間」生呈」互旋而有時間與空間的架構運轉體相」，佔5%巽天空眾星系。

「☰☰乾天大太空間佔95%之天空」並無：「時間」與「空間」之「星系磁場」，而是彌遍絪縕物質：「能量元素」與「物質元素」。

此即濟：「伏羲先天六十四卦」能量對應之基本概念在於：「先天八卦圖之解析三爻對應法」，方可探究「六十四重卦」法則。

解讀：

①：「連山易圖」有卦相陰陽密碼變渙數字。

②：「歸藏易圖」有「隱相之方位顯示」。

③：「周天、六十四卦方圓規矩圖」為有「定律、法則」的循環於：「圓規六十四卦圖」與「方矩六十四卦圖」有「不同等排列組合」的「運用範疇」，故：六十四卦，可以「學而致知」。

謹

〈一〉：宏揚華夏固有文化，「易經六十四卦」宇宙觀卦論。

〈二〉：易經錯了幾千年：演繹「連山易數據」、「歸藏易角度」、「周天易循環」，三易之：

「制、數、度」：乃「宇宙萬象」迤循「陰」、「陽」變易于：「☰☰乾」、「☴☴巽」大太空，倚「循規蹈矩」於「星際定律磁場變易法則之總體相理論」，依「磁場相節磁乎」陰陽對應于：

「伏羲先天六十四卦陰陽對錯平」伏藏著：「不易

之道」、「簡易之理」、「變易之法」。

〈三〉…本論著作為「宇宙觀卦論」，即蘊頤「說卦傳」之「八單卦象徵」，「卦爻有倫常」，論斷：「人事地物時占卜運用法則」。

〈四〉…二篇之策、三極致道、四點定位、六爻重卦、十有八變而成卦、八八互旋，磁應陰陽六十四卦符號，乃「宇宙觀卦論」。

林永昌　謹識于：

中國　台灣省　高雄市

2020.11.15

坤地卦目錄

第一章·坤

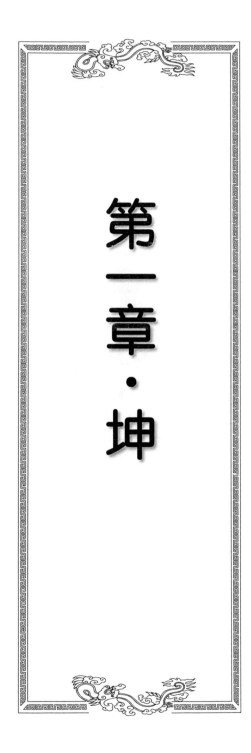

序

【坤卦】

◎易經六十四卦相，每一卦都有不同卦相的表達模式，䷁坤卦繼䷀乾卦「三分」立定太極點呈：「三點定軸」運旋即濟對應「☷坤地」三陰爻，乃「天地定位」，宇宙立呈牖位。

◎錯用之辭，坤卦錯用之辭：卦辭：「先迷後得」與彖曰：「先迷失道」其他錯用辭見本論。

〔原辭與本論之辭對比，可觀察原辭全皆誤用為人事論，且照辭解說〕

◎「䷁坤卦」顯示：「時空」為可計數，坤卦為「土」為「地」為「母有天職」故曰：獲從王事」，亦為「順承」。

◎：䷁坤卦主示：其為「土地」、「深藏」、「厚實且有蘊頤，蓄生養之功能」，亦為「一星系之可見測星球，每一星系之星球體：皆納入坤之土地，與䷀乾卦同附有五行能量元素。「伏羲八卦相」：☷坤卦之

「重卦」中，其居于「上卦」或「下卦」皆有不同卦相之「卦相法理」。如：「䷢晉卦」、「䷭升卦」，不同位即不同相法，☷坤地居下卦，如：䷋否卦、䷓觀卦、䷖剝卦，大成卦兩單卦相重各有「意象體用」之卦象變易，以天象學之理論觀卦相顯示「卦象」。

第二章・☷坤卦卦辭

◎序第二卦：䷁ 坤卦，八純卦。

〔易經原辭〕：（需對照本論辭）

◎䷁ 坤卦卦辭（節錄易經講義）。

坤，元亨，利牝馬之貞。君子有攸往，先迷後得，主利，西南得朋，東北喪朋，安貞吉。

〔註釋〕

坤（ㄎㄨㄣ），枯溫切元韻。地，順，八卦名。

牝馬（ㄆㄧㄣˋ），陛引切軫韻，屬於陰性的獸類，馬順能健行。

攸往（ㄧㄡ），移因切尤韻，疾走的樣子，安行得所。

〔解述〕

坤和乾不同，乾是清剛無形，坤是凝聚似有質的，坤是乾運的資具，所以特提牝馬的貞德。先迷，是只隨順感官軀殼的起私慾，即失義而趨利，而自入沉迷。後得，健德為一身的主，內部生活和諧，即依順乾陽為主，所以有得。西南陰方，陰居陰位，不侵陽，和陽相得，故得朋。東北陽位，陰侵越陽位，喪失和陽為朋之機，形氣聽命乾陽，無所妄動，安貞則吉。主利，程子解利萬物則主於坤。

〔集註〕

朱子本義：☷者，耦也，陰之數。坤者，順也，陰之性也。註中者，三畫卦之名也。經中者，六畫卦之名也。陰之成形，莫大於地，此卦三畫皆耦，故名坤而象地。重之又得坤焉，則是陰之純，順之至，故其名與象皆不易也。牝馬，順而健行者。陽先陰後，陽主義，陰主利。西南，陰方。東北，陽方。安，順之為也。貞，健之守也。遇此卦者，其占為大亨，而利以順健為正。如有所往，則先迷後得而主於利。往西南則得朋，往東北則喪朋，大抵能安於正則吉也。

程子易傳：坤，乾之對也。四德同而貞體則異，乾以剛固為貞，坤則柔順而貞，牝馬，柔順而健行，故取其象曰牝馬之貞。君子所行，柔順而利且貞，合坤德也，陰從陽言也，待唱而和。陰而先陽，則為迷失，居後乃得其常也。主利，利萬物則主於坤，生成皆地之功也。

王氏弼曰：至順而後乃亨，故惟利於牝馬之貞。西南致養之地，與坤同道者也，故曰得朋。（折中引）

干氏寶曰：行天者莫若龍，行地者莫若馬，故乾以龍德，坤以馬象。（折中引）

孔氏穎達曰：乾坤合體之物，故乾後次坤，地之為體，亦能始生萬物各得亨通，故云元亨與乾同也。牝對牡為柔，故云利牝馬之貞。不云牛而云馬者，牛雖柔順，不能行地无疆，無以見坤之德。馬雖比龍為鈍，而亦能遠，象地之廣育也。先迷後得主利者，以其至陰，當待唱而後和。凡有所為，若在物之先，即迷惑，若在物之後，即得主利。（折中引）

朱子語類：問牝馬取其柔順健行，坤順而言健何也。曰：守得這柔順堅確，故有健象。柔順而不堅確，則亦不足以配乾矣。（折中引）

本論天象辭：以本論為準

【本論】

「䷁坤卦」：卦辭：「坤、元亨、利、品物咸臻，均咨牗攸往，咸彌逅得，屬隸。咸(ㄒㄧㄢˊ：挈同)臻即」。

【註釋】：

①：「品物」咸亨，品物：各種有陰陽對應一同合挈皆以「萃類彙聚」。

②：「咸臻」：值遇逅期而相聚倚，曰：「品物咸臻」(不用牝馬之貞，品物是萬象之所有眾)。

③：「均咨牖攸往」：均衡來往。牖(ㄧㄡˇ)：通啓，啓發，「攸往」：與牖相關萃聚能量元素相互通啓來往「需于交」之道。

④：「先彌(遍及佈予)逅(邂逅)得(邂逅之有所得益)」。

⑤：「屬隸」：隸屬有關連的系統。

⑥：「咸」：相挈合一，挈同。「臻即」：已臻即濟之道。

⑦：「☷☷坤順」顯示：「咸彌矢道，逅順德暉」，連繫「☷☷坤卦」六爻辭「三六爻：撫成有功」至「上六爻：啓性眴(ㄒㄩㄢˋ)犢(幼)眴ㄒㄩㄢˋ：眼神炯炯，護犢」。

【註釋】

「䷀」乾為資始」、「䷁」坤為資生」。故，天地絪縕兩氣相依而不聚。曰：「安其身」其絪縕物質有正應的絪縕之氣」後動，「易其心」、「定其交」。即濟：「對應」詳見「A圖示」。

《絪緼對應：A 圖》

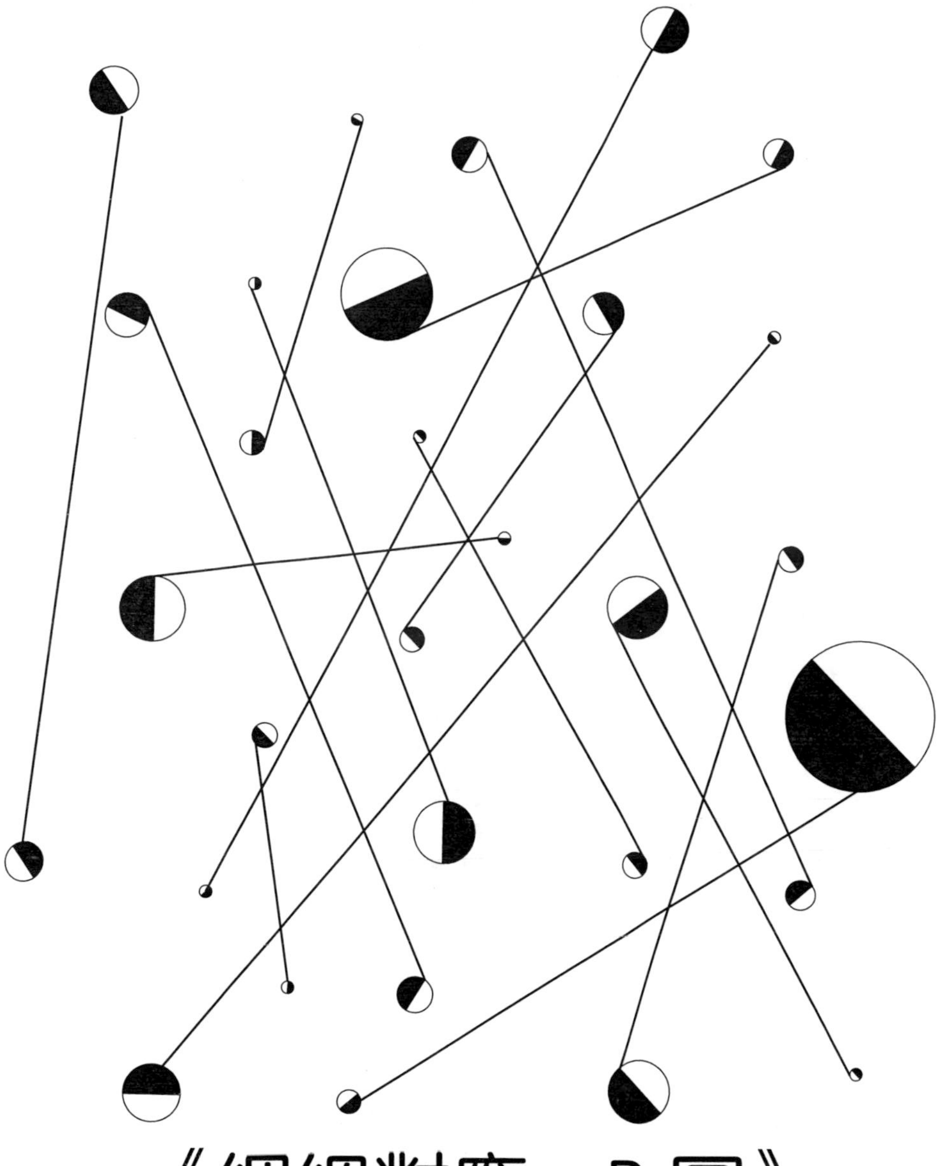

《絪緼對應：B 圖》

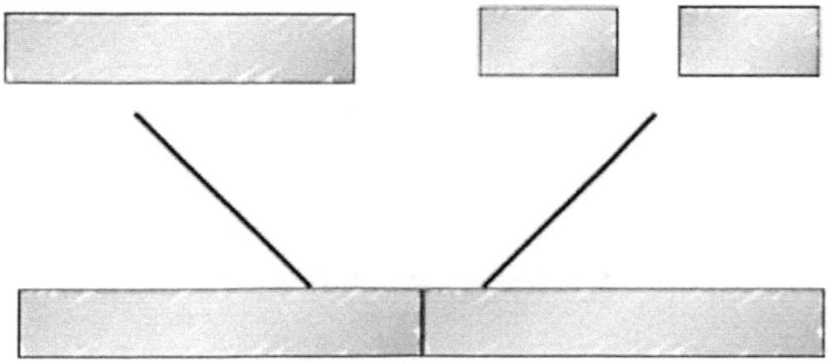

《絪縕陰陽對應：C圖》

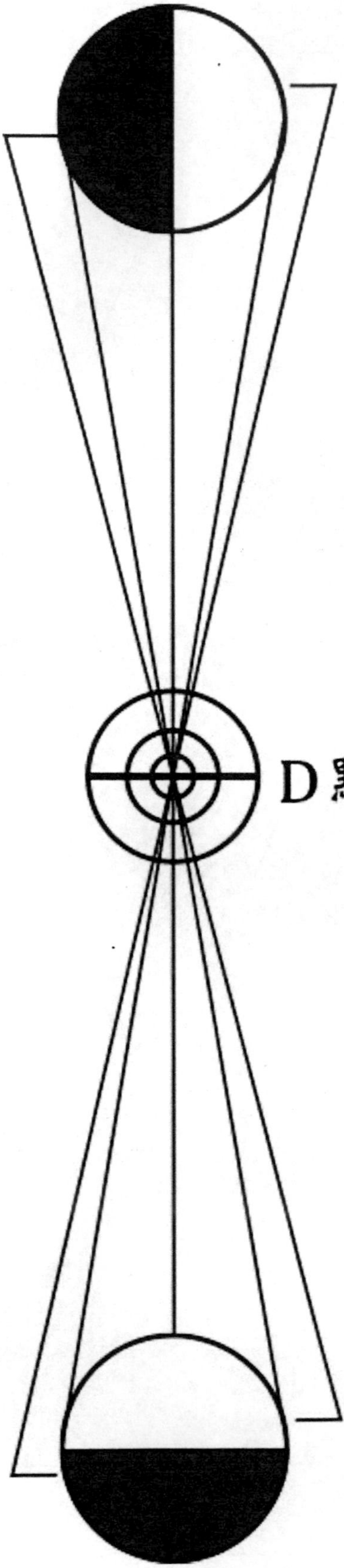

【註釋】

〈一〉：〔A圖示〕，易繫上一章：天空「絪縕」(即五行陰陽之氣各自物以類聚)同質之「陰陽之氣聚在一起，有五行「金」、「木」、「水」、「火」、「土」等同質離陽合離陰為一太極，「震陽合巽陰為一太極」、「金陽合金陰之氣為一太極」，「坎水為氣其分子物質陰陽合聚一太極」，「土塵質量亦分陰陽萃聚為一太極」五行所有同類「陰陽之氣」：萃聚而无應，聚而不離成「太極」。即濟：「天空絪縕，萬物化醇」。

〈二〉：極至：本論易繫上一章：「天空有象（絪縕萬象）絪縕自簡（簡選同類萃而陰陽互應），五行太極，觸類萃聚，動靜有常，剛柔互引，奇偶為數，萬象偕任，方以類聚，物以群分，陰陽互蘊，極敻（ㄒㄩㄥ）乃生。在天成象，在地成形，變化見測，宇宙應呈，十方牖籍，轇博孚酌。

〈三〉：「A圖」顯現：「上繫第一章」之「絪縕」由「未應化醇」，極至：「剛柔互引，奇偶為數，方以類聚，物以群分。極敻（ㄒㄩㄥ：長且時間久遠）生矣」。

〈四〉：乾天本俱在十方界，「空有自在」(空中有動能波頻)生呈五行之氣☰☰空間廣大，曰：「天空」存有絪縕五行之氣。同類陰陽聚合，由萬物化醇，致陰陽互引，01成數。曰：其道不可窮(物質元素本體不滅，循環往復。曰：無應則往復，是「易」之道理)。

〈五〉：卦有六爻，有「六應法則」：

①：正居正位初九與六四相應。曰：「正應」，如「六二與九五，九三與上六皆：正應」。

②：「當應」：居不正位而陰陽當應。

③：「比應」：陰陽比鄰必須鄰比相應。

④：「萃應」：同陽萃聚或同陰萃聚三爻以上。曰：「萃應」。

⑤：「無應」：六爻無應，過六爻後則往復待應。

⑥：「外應」：六爻之內無應之爻，過六爻以上則向外應〔六應法互用于天象學理論〕。

〈六〉：絪縕元素之氣「隨」、「臨」、「履」、「需」、「咸」、「比」、「姤」，經上述「七卦相」：臨、咸、需、而「比」、「姤」，五行質能量可化合之質量「互相成應」。

如：「圖A」、「圖B」，「交咸」後，臨、履、需、比、姤，因需咸應而後動，易（交咸對應質能量已產生易動之現象）。

〈七〉：「定軸」：遙遠大的「天地空間」，互有「對等化合物質」而後：「動」、「易」、「交」姤在〔AB圖示的中心點上〕，立定「四象生呈，並三分立定軸輹」共構成：以中心立定陰陽交互榫卯于中軸點。由「二合一」生「一」，即是：〔AB圖〕之「對應中心三點定軸」，即濟：一合一而二，二合一生一，合「三」而「成一單卦」，即：「無三不成卦」。始現：「☰乾」、「☷坤」，「一來一往交會在中軸三分立定一太極點上」，如下圖：「C圖」：C圖示即是：「太極陰陽來往交錯在中心立定一」：三軸立極」。

《時間軸圖：ＡＢ圖》

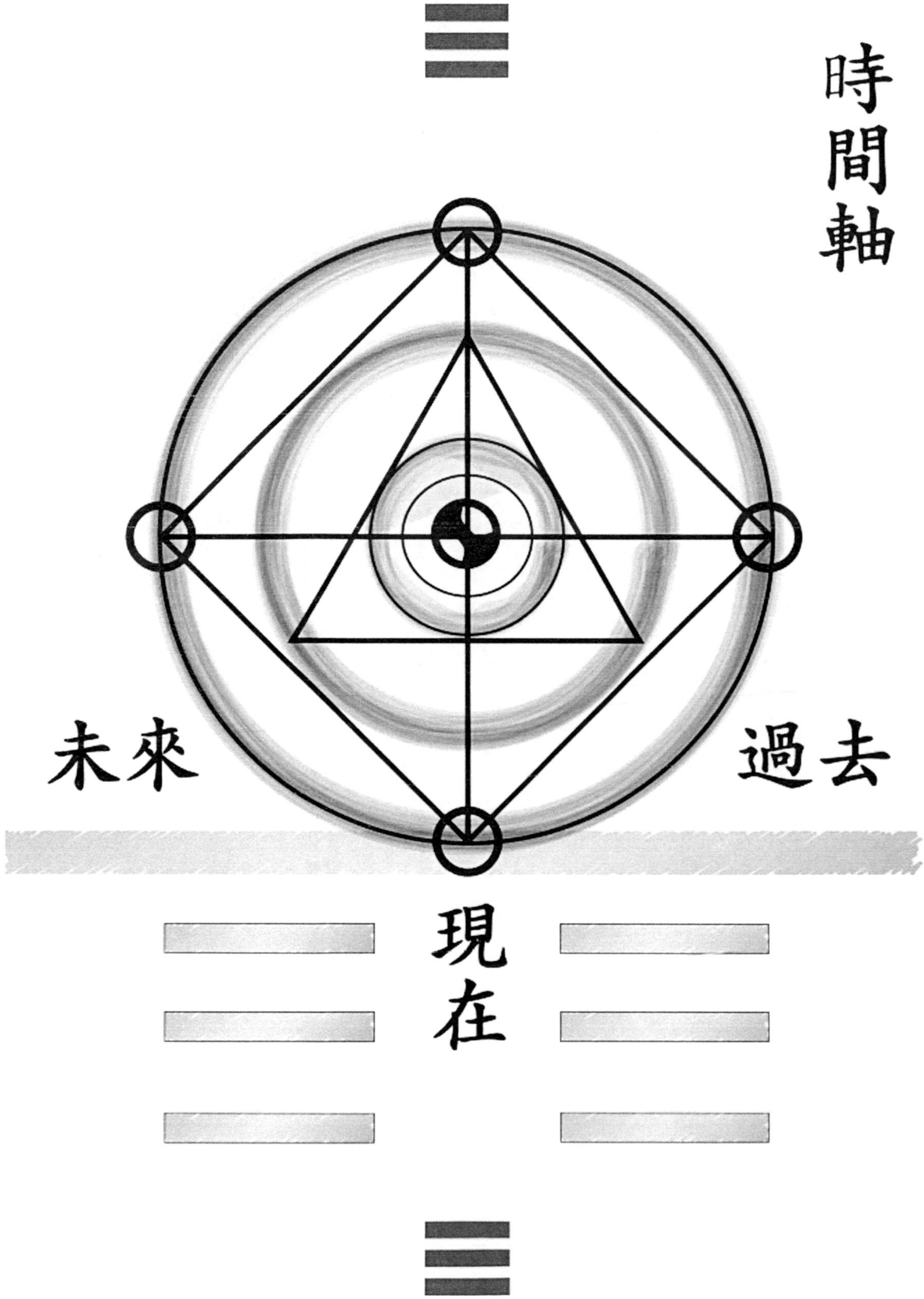

【註釋】

〈一〉：「䷍ 火天大有卦」九二爻辭：「大車以載，有攸往，无咎」，象曰：「大車以載，積中不敗也」。

〈二〉：「易有太極」太極對應，是生兩儀(ＡＢ圖示)，太極即濟：Ｂ圖示。合一有「正、負兩極同體」，故陽「—」陰「- -」是為：「可以分、合；偕正、負兩極同體」，必生另「一」合成「三」，「無三不成卦」，「牖複，方可互」，易有太極「以二合一，俱正、負兩極」，「一可分二、二則可一、一分而可二」是太極陰陽：生生之道。

〈三〉

：䷁坤土卦，即濟：「太極生兩儀」，兩儀對應正質能量等，而成立：「四象」立定「中軸」，兩儀生四象，三分立定宇宙天地，「☰乾乎、☷坤酌、☲左離、☵右坎」，如C圖示，大車以載，上、中、下等立定點，「循環往復」共構：「左、中、右」呈現：「有來」、「有往」，「圓道周流，循環往復」的定律系統，另迤衍「䷡大壯卦」的：☱澤、☴巽、☶艮、☳震，八卦定位。八卦方位即定，互應有對等質能量的「八卦」，以大為「外卦」、以小為

「內卦」，再由內、外八卦共構合組共「一重疊內八卦與外八卦」一外一內、一左一右，八卦各有五行磁能量，剛柔相摩，八卦相盪，六爻之動，三極之道也，進退等質能量，陽極反陰，陰極反陽，剛柔相推而生變化，重八八呈現：

「六十四卦象」至此，宇宙完備系統規律定成。

〈四〉：「易與天地準（為宇宙天地準則）故能彌綸天地之道」，「與天地相似，故不違，致周乎萬物，而道濟碩方，十而不踰，旁通而互流」，「範圍天地之化而不過，曲成萬物而不遺，通乎陰陽之道而致和，故伸無方而易无體」（易繫上四章）。

◎重卦圖示：

〔註〕：以中軸立定：「三分定位」圓道定于中軸。

《八卦互旋圖：D 圖》

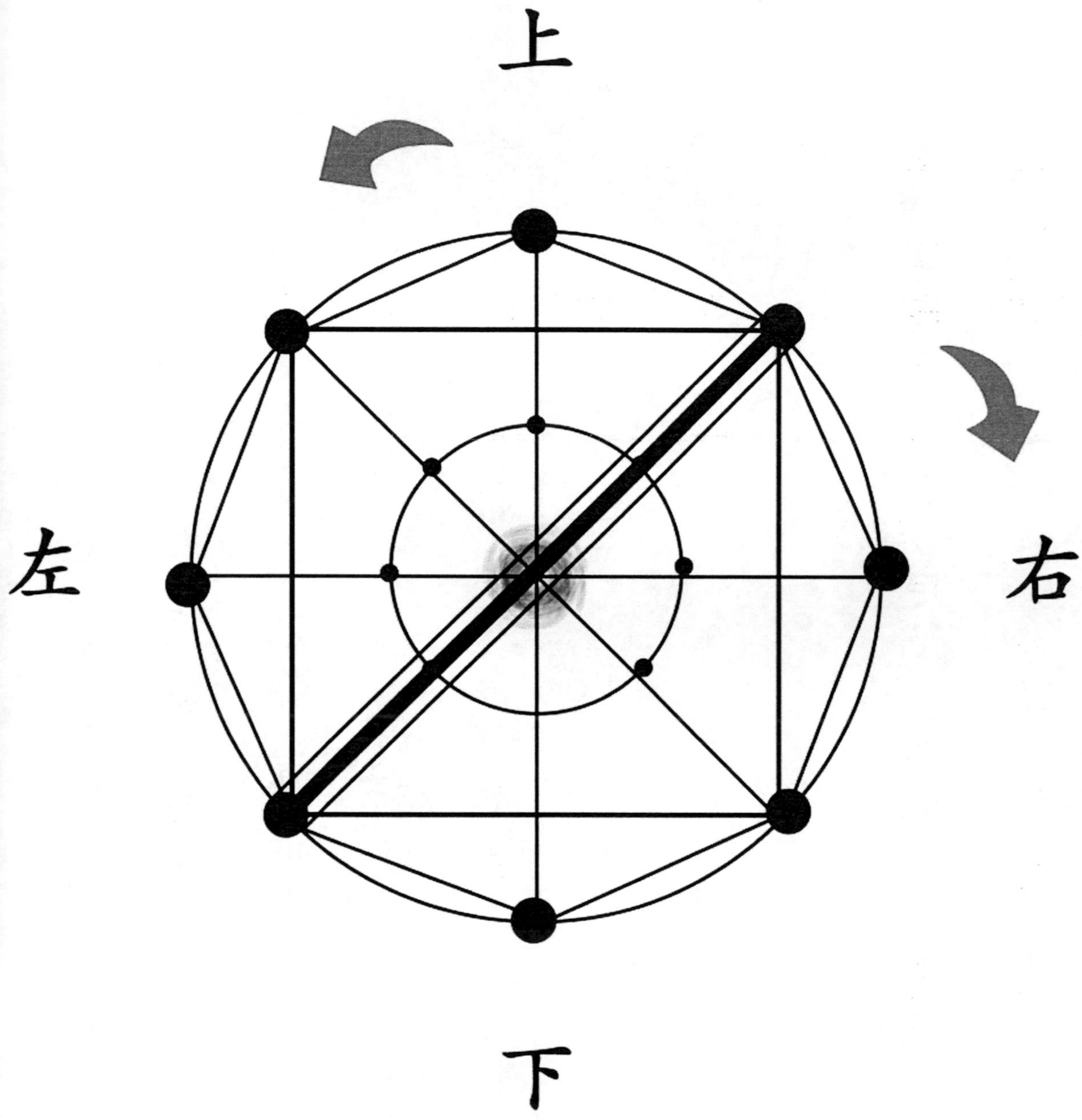

【註釋】

易繫上六章：「夫易、廣矣、大矣，以言乎遠，則不禦；以言乎邇，則靜而正；以言乎天地之間，則備矣」，「天地設位，而易行乎其中矣」曰：「不易、簡易、變易」，即濟：六十四卦象，依三易宇宙規律系統之「道、理、法」，即：「不易之道，簡易之理，變易之法」，宇宙天地十方、十界、十度空間之法理，易有「六十四卦變法」概括于：「四十一法要」之闡述。無有遠近幽深，遂知來物。

宇宙萬物化生，皆由「易有太極」，定律「三分法理而立定一宇宙世界」，對應於「六相八法」的生滅過遇行履，且由：

「動」生「電能」、「熱能」、「磁能」涵蘊「自在宇宙空間之空有」空有絪縕五行陰陽能量，用以「持衡」。曰：「趁」趁：秤也，以「中和作用」，「以衡恒諸道運行」，不偏不倚，謂之：「中和」華夏哲學觀曰：「中庸之道」，「和」乃「平也」，有「中」之「庸」與「中」之「和」不偏頗，則「平」。故，卦理之衡、恒。持恒必需用「衡」、「中」，「和」乃「平」，「行」之道。任何「物質場磁力有：斥、合」，終需以「中」、「和」之，華夏易經六十四卦的：「至理哲學」，宇宙間之涵蘊，唯「和」能「平」，「中」即「中心軸」，萬象不離「中」之「法、理」與「道統」。

曰：「和」、「平」，即就：「中庸之道」。

「五行物質有：陰、陽不同等元素」。(詳見下圖E圖：五行生剋表)。

金生水，水生木，木生火，火生土，土生金。

金剋木，木剋土，土剋水，水剋火，火剋金。

《五行生剋圖：E圖》

《五行生剋速見表》

五行相生相剋

生		生		生		生		生		

金→水→木→火→土→金

剋　剋　剋　剋　剋

金→木→土→水→火→金

〈五〉：五行陰陽合十，易繫：「男女構精，萬物化生」，「☰乾天為：氣」，「☷坤地為：質」，「氣在則相生」，「氣滅則體相亡」，䷁坤卦乃頤蘊生養之象。故，「乾知大始，坤作成物」，「乾以大生，坤以廣生」。為道不孤，「孤陰不生，獨陽不長」陰陽之間並非孤立或靜止不動。彼互間有「相對」、「依存」、「消長」、「轉化」的「變易系統原理」由「動」、「摩」生「熱」、「能」變生「電極」強而有「磁能」，萬物如何變易化生，不離：「陰、陽」：「一分為二，又合二為一」，即「對立」又「統一」，如「一晝光明」、「一夜黑暗」二合一曰：「一日」陽如根莖，陰如枝葉，相互依序。曰：「互為根性」，是「萬物皆有互依共存」的宇宙自然規律。(見F圖示：陰陽對立、對比、互依、共存，六十四卦「外八卦」與「內八卦」亦如是)。

〔註釋〕：陰陽卦皆相錯卦而對立、對應，交錯正應，內伏方矩。

《內外八卦對應圖：F圖》

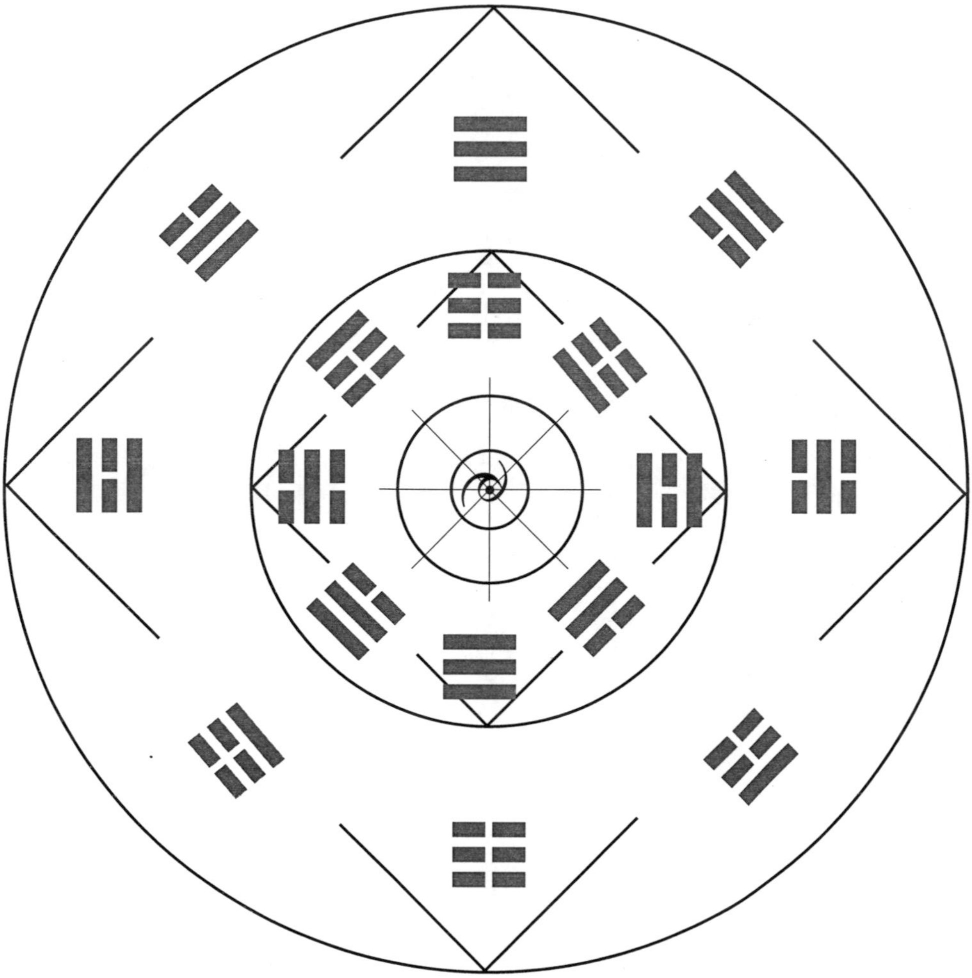

〔論述〕：

〈一〉：「䷁ 坤土卦」，乃蘊頤之主卦，為「牝」：陰儀，母性，負蘊頤，養頤，護頤，撫頤，饋頤等等，「偕任之功能」。

〈二〉：「䷁ 坤母」俱有：需于交姤陰陽對應：「䷀ 乾卦六陽爻」恒以範常，亦即濟于：「陰陽構精，萬物化生」，繁衍生生不息。

〈三〉：「易經原辭」有：「先迷後得，主利，西南得朋，東北喪朋」等原辭，乃為「歷史載錄」是「古時空過遇中的一小階段：人事上之用語」與「先天六十四卦相」的「宇宙觀論」毫無相干，故於「本論」改寫「先天六十四卦相天象學理上」六十四卦辭、彖辭、象辭、爻辭、小象辭，已經過「修改為：天象學理用辭」。

〈四〉：「䷁坤卦」仍有「保留其必要之用辭」

〔註：每一卦皆如是〕

〈五〉：易經原辭歷久，且經由各個朝代彙整各個時代之所需增辭字。〔本論〕對無關宇宙觀論之辭字，已修改完成，並繪出「六十四卦象徵天象圖」，用以顯示「卦相中有卦象」。

第二章・☷坤卦象辭

〔易經原辭〕（需對照本論辭）

◎☷ 坤卦彖辭（節錄易經講義）

彖曰：至哉坤元，萬物資生，乃順承天。坤厚載物，德合无疆，含弘光大，品物咸亨。牝馬地類，行地无疆，柔順利貞，君子攸行。先迷失道，後順得常，西南得朋，乃與類行，東北喪朋，乃終有慶。安貞之吉，應地无疆。

〔新註〕

載（ㄗㄞˇ）承的，勝的意思。含弘光大，包含弘厚，光明盛大。

〔解述〕

坤元即乾元，乾道變化，必先有所凝聚，故坤以成形資生。坤以凝聚，含載乾健的德，為萬物所資以生，所以說厚。弘、光、大皆健乾，含是坤，坤凝聚成萬有品物，似對得終是合和亨通，就以坤含乾元，乾元徧運羣陰，無所不在而咸亨。陰順和乾俱行，既與類行，類是乾。陰居陽位，陽失位，是陰喪陽的朋。但陰盛極就衰，陽起乘之，終當勝陰，使陰順從得貞，所以終有慶。坤德合於乾陽，所以无疆。牝馬順而承健，所以行地无疆。又承陽應萬變而無礙，所以應地无疆，三无疆皆以順承至健乾陽，此義精深。

【集註】

朱子本義：此以地道明坤之義而首言元也。至，極也。比大義差緩，始者氣之始，生者行之始，順承天施，地之道也。言亨也。德合无疆，謂配乾也，言利貞也。馬，乾之象，而以為地類者，牝陰物，而馬又行地之物也。行地无疆，則順而健矣。柔順利貞，坤之德也。君子攸行，人之所行，如坤之德也。所行如是，則其占如下文所云也。陽大陰小，陽得兼陰，陰不得兼陽，故坤之德，常減於乾之半也。東北雖喪朋，然反之西南，則終有慶矣。安而且貞，地之德也。

船山易內傳：至者，德極厚而盡其理之謂。乃其所以成至哉之美者，惟純乎柔順，天所始，而即生之，無違也。厚謂重坤，象地之厚。無疆，天之無窮也。其始也生之，即生矣載之，天所始之萬物，普載無遺，則德與天合，故與乾均為元，而至者即大也。惟其至順也，故能虛以受天之施，而所含者弘，其發生萬物，盡天氣之精英，以備動植飛潛文章之富，其光也大矣。品物資之以昌榮，而遂其生理無有不通，坤之亨，所以與乾合德也。馬之行健，本乾之象，牝，秉陰柔之性，則與地為類，地順承天，則天氣施於地之中，如牝馬雖陰，而健行周乎四方，此地之利貞，以守一從陽為貞也。六陰聚立，有先迷之象，然純而不雜，虛靜以聽天之施，則固先陽後巳，順事物而得唱和生成之常道，君子體之以行，能知先之為失道，而後之為得主，則順道而行，无不利矣。以性主情，以小體從大體。

君子之行，不法其積陰怙黨之咎，而法其委順以承天不自私同類之貞，則終必受天之慶矣。吉自外來，曰慶。喪朋以從乾，安貞之吉也。君子所以應地道，而德合無疆也。

案：乾資始，坤資生，依本而生成，宇宙乃成。西南得朋，東北喪朋，各家解不一，亦較特別的一段。

【本論評論諸家譯釋】：

①：照原辭解釋「字義」與卦相主述失去本意，尤其是「先迷」與「失道」且不離「牝馬」。

②：「乾資始，坤資生，萬象乃成」。故，無需西南得朋東北喪朋之論述。

本論天象辭：以本論為準

【本論】

【䷁坤地卦象辭】：

象曰：「至哉坤元，萬物資生，乃順承天，坤厚載物，德合无疆，含弘光大，品物咸亨。牝，務遞于類，衍遞无疆，柔順利貞，均咨牖衍萬象，咸彌矢道，逅順德暉。乃與類衍，繁沓治，均咨牖衍，致彌道臻事頤，應遞无疆」。

【註釋】

〈一〉：「本論坤卦」，卦辭、彖辭、爻辭⋯等，多有修改
互應「☷☷」坤卦」所象徵卦象。

〈二〉：參研卦相：「☷☷☷☷」坤卦」綜覆成四重卦：
「☷☷☷☷」陰極反陽，四重卦則可變化為：
①：「☷☷☰☰」。
②：「☷☰☰☷」。
③：「☷☰☷☰」。

〈三〉：「先天六十四卦」中，唯有「䷀」卦與「䷁坤卦」，兩卦「六爻同陰」、「六爻同陽」，綜四重卦之運用相法上。方能解釋：「䷁卦」的六爻辭之「變化象法」。

䷁ ䷀

〈四〉：尚有「䷀乾」，「䷁坤」兩卦對比。

〈五〉：「對比法」運用于「䷁坤卦」上六爻。

【註釋】

〈一〉：「至哉坤元，萬物資生，乃順承天」：至：極也，坤為「母德」之貞、健、耐，德極厚，且盡其理，坤乃「蘊頤」、「養頤」之，交錯蘊頤，萬象資生，坤地蘊生萬物。乾曰：「大生」、坤曰：「廣生」。乾作始，坤以生。曰：「乾坤道合」，謂：「父母道生焉」，坤卦主順柔，順承咸彌无疆，乾乘坤承。

〈二〉：故「坤厚載物，德合无疆，含弘光大，品物咸亨」：乾、坤兩卦。六陽、六陰、相重承載。

持盛器容曰：「含弘」。寬裕包容：䷁坤卦象：「中空含弘蘊釀成形之器(氣)」，「品物咸亨」品：「牝，務遞類」䷁坤地牝母，乃：「蘊頤生生不息之大象」牖于埠勤緜衍，簡其類萃，聚萃易從，簡曰：陰陽交錯，元氣交易而形成性命，陰陽牝牡就稱：玄牝。

「埠勤」曰：「不竭不盡」，「整體共建」，易繫下六章：乾坤其易之門邪(一世)，乾陽物也，坤陰物也，陰陽合德，而剛柔有體，以體(相體)天地(乾坤)之撰。以通神明之德(合德言：撰神，含弘光大）其稱名也〔神譯為韻．有蘊之意義〕。雜而不越，於稽其類，「谷神、綿綿」：皆指陰陽之氣、質皆極微細之生命體相（即如細胞之微細），「谷神綿綿，不死若存」（同釋義之用辭）〔註：銜接至：均咨牖行先彌矢道〕。

〈三〉：「牝，物遞于類」：牝為雌性。坤地：母之類，有「含頤蘊生」之大功，「衍遞无疆」：牝其類多而域廣泛大，「柔順利貞」：坤德母性、利生而臻頤，蘊頤養之大能，「均咨牖衍」：同類萃聚往來繁衍，且有開通啟發之行攸。

〈四〉：「先彌矢道，逅順德暉」此句與坤卦辭：「先迷(彌)後得」坤亨，順承乾撰合德，乃與類衍「咸彌矢道」：咸「彌」、「矢」道：「彌」：遍及，普徧。「矢」ㄕˇ：志行也，矢：正直而端正，矢：正也、直也。

「咸彌矢道，逅順德暉」，䷁坤卦在人事比喻上是：「臣」、「妻」、「女」、「民」之屬象，六爻皆陰爻曰：「鄰比相合為眾」，䷀乾卦醇陽、䷁坤卦醇陰，未有爻變，皆純陰、純陽。故有「朋比」，乾陽天道、星象運行的符號，天之道律，而「坤」陰代表地。地道曰：「太陰」；天道曰：「太陽」，地道坤陰代表其符號，乾卦六爻皆陽。坤卦六爻皆陰。象徵「純陰」、「純陽」，玄牝有異，卻同道運行。

〈五〉

：易繫下五章：「天地絪縕。萬物化醇（ㄔㄨㄣˊ：純也）男女構精，萬物化生」，「☷☷坤卦」乃「牝：☷☷坤」為母性光暉，其「乃與類行」，「乃中牖罄」，「咸（挈同）臻致頤：（蘊頤），「應遞无疆。」〔牖罄：開創有大太空間〕

【䷁坤卦】：彖曰：

【本論】

「䷁坤」彖曰：「至哉坤元，萬物資生，乃順承天，坤厚載物，德合无疆，含弘光大，品物咸亨」。

「牝，務遞于類，衍遞无疆，柔順利貞(貞固)，均咨牖衍萬象，咸彌矢道，逅順德暉，乃與類衍，繁沓治，均咨牖衍，致彌道臻事頤，應遞无疆」。

【註】：

①：事頤：事：從事。頤：頤蘊、生養，乃獲從王事之譯；王事：生養之大事，非從官之事。

②：繁沓：指遍彌各方界之一切生命與物質之繁衍。

③：本論不用：「西南得朋」、「東北喪朋」，兩辭句是周代用辭。

第四章・☷坤卦大象辭

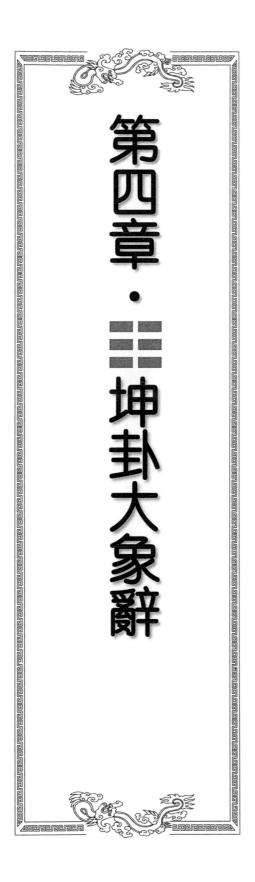

〔易經原辭〕（需對照本論辭）。

◎ ䷁ 坤卦大象辭（節錄易經講義）。

象曰：地勢坤，君子以厚德載物。

〔註釋〕

勢（ㄕˋ）形狀的意思。

〔解述〕

君子體地勢的至順，所以厚德載天下萬物。

〔集註〕

朱子本義：地、坤之象，亦一而已，故不言重，而言其勢之順，則見其高下相因之无窮，至順極厚，而无所不載也。

本論天象辭：以本論為準

【本論】

【䷁坤卦大象辭】：

象曰：「地適坤，均咨倚厚德載物」。

【註釋】

坤卦以「厚德」、「有容」、「順耐」、「利貞」、「堅韌」、「承天授命」，為「生生之謂易」。大象曰：「地適坤」，「均咨倚厚德載物」，諸繁一切生靈皆有坤地的法則與

「容納」的德性，以寬厚、深沉、正養之德行，用以蘊頤，載育大地萬物之化生，碩果之頤蘊于坤厚德之善哉。

【地適坤，均咨倚厚德載物】

【解卦】

〈一〉：「䷁坤地卦」，六爻全陰爻，一般用於占論上，皆以卦辭斷論，緣其無互約之爻可互成別卦，且其綜覆亦全是「䷁䷁」坤卦，四重卦皆陰爻，且：天位卦、人位卦、地位卦，三才卦亦全是「䷁坤地卦」。

〈二〉：「陰極反陽」或「陽極返陰」乃「卦相學理定律」可用於此「全陰」或「全陽」六爻卦：的「極反」變化爻卦。

〈三〉：

①：「䷁坤」為「兩單卦」，可以「上卦反陽：
成䷋天地否卦」，亦可「下卦反陽：
成䷊地天泰卦」。

②：「䷁坤地卦」陰極反陽，從「初爻變生成：
䷗地雷復卦」，再由此䷗復卦變渙卦
相，以取致用。

③：「五行相生卦」：「䷁坤為：土」，土生金，
金為「陽金」，「☷坤土養木」：䷁坤卦
土養木：成為「䷲雷震卦」。

④：「䷁坤土比和䷇坎水．成：䷇水地比卦」綜成：䷆地水師卦，亦顯相在坤卦上九爻辭：「龍戰於野，啓，血眴黃」，（黃：幼仔稱：黃口，小犢），象曰：「龍戰於野，其道烱戒」。

⑤：所變化出之卦象，亦皆呈顯於〔本論〕的卦象，象、爻、象辭之中闡釋其辭。

⑥：故「本論辭」即濟「卦相變渙之卦解用辭」。

〈四〉：「䷁坤卦」大象辭：「地適坤」，謂「䷁坤」卦為「母」象徵，負附有「生養天職之本能作用」萬象皆如是現象，乃「繁衍之天職」故爻辭有：「獲從王事，撫成有功」。

〔註〕：

①：此六三爻辭易經原辭之所有解釋皆以「從王功之事，無有成就亦可有終」完全錯解「大象辭之：地適坤，均咨，倚厚德載物」之本意，「厚德」乃「母性」本能具備有「一再繁衍，蘊育之本能。故曰：厚德」，雖「通用：德之

道、理、法」，互通用於「為人處事」的「行為規範」，而倚「☷☷坤卦相」之本譯：乃100%☰☰乾天造就5%之☷☷坤地，乾、坤、陰、陽六爻對應陰陽，為「天」、「地」由「☰乾」化「☷坤」，陰陽應生於：「☰乾卦三變爻：☱兌、☲離、☴巽等三卦象」。

②：而「☷坤卦三變爻：由下往左上變爻：☶艮、☵坎、☳震等三卦象」。

③：乾三變「☴巽」與「☷坤三變，☳震」，兩卦

「陰」、「陽」極反，成「互易位立」。

④：此是「伏羲先天八卦象」之「生呈法則」，歷來諸家論述錯誤，確定「不可用」。

⑤：「八卦」之「數理」根據在「連山易圖」的「數字變化」載錄在「易繫上九章」是「易經」：數字變渙之根據。

⑥：「伏羲先天八卦生呈相」：詳載錄于：「本論之：☲☰火天大有卦」與☳☰雷天大壯卦，乃「☰乾」、「☷坤」之：元、始。

⑦：〔本論〕：〔六十四卦相：天象學理論〕，

每一卦相皆有「卦象」象徵，顯現在「卦相變渙之中」，熟讀〔本論〕任何一卦，皆可知「華夏文明」；「易經六十四卦」：天象學理論，乃「華夏文明」之寶藏。

第五章・☷坤卦初六辭

〔易經原辭〕（需對照本論辭）。

◎ ䷁ 坤卦初六爻辭（節錄易經講義）。

初六，履霜、堅冰至。象曰：履霜堅冰，陰始凝也。馴致其道，至堅冰也。

〔註釋〕

六易經以陰爻為六，最下的一爻稱為初六，履霜，因履霜而知堅冰將至，比喻防患于未來的意思。

凝（ㄋㄧㄥˊ）：聚集；馴（ㄒㄩㄣˊ）：由漸而至曰馴。

〔解述〕

當一陰生在下，這發端很微，但勢必積至六陰，所以做防要早，趙飛燕初入宮，有披香博士㖔棄說，這是禍水。先是一陰才凝，終至成禍水。

〔集註〕

朱子本義：六，陰爻之名，陰數六老而八少，故謂陰爻為六也。霜，陰氣所結，盛則水凍而為冰。此爻陰始生於下，其端甚微，而其勢必盛，故其向為履霜，則知堅冰之將至也。馴，順習也。

程子易傳：陰爻稱六，陰之盛也，八則陽生矣。非陰盛也。陰始生於下，至微也。聖人於陰之始生，以其將常則為之戒。陰之始凝而為霜，履霜則當知陰漸盛，而至堅冰矣。尤小人始雖甚微，不可使長，長則至於盛也。陰始凝而為霜，漸盛而至於堅冰，小人雖微，長則漸至於盛，故戒於出。馴，謂習，習而至於盛。習，因循也。

本論天象辭：以本論為準

【本論：䷁ 坤掛初六爻辭】

初六：「履端，堅畢致」。

象曰：履端堅畢，陰始凝治，馴致頤道，至堅、畢治。

【註釋】

〈一〉：「䷁ 坤卦」初六：「履端(ㄉㄨㄢ)履端：推算日期(日曆)的起點」；「堅畢致」：堅毅完成臻致。

〈二〉：「馴致頤道」：馴守臻致履端行履曆歷之道。曰：「廣生乃坤卦蘊頤之道」，「至堅、畢治」：

至為堅毅完成曆歷造就衍籍之畢曆。

〔☷☷坤卦相〕：

〈一〉：「☷☷坤卦」：六爻皆陰，迤衍類同鄰比為：一整體相，坤卦：為母，為馴順，大地，承載蘊頤，養頤之天性，顯現在上六爻的「護頤」。

〈二〉：「☰☰乾資始，☷☷坤資生」相倚衍籍，自然天成之大象，宇宙萬象皆亦如是。

〈三〉：「合德无疆」：易繫上六章：〔夫坤，其靜也翕（ㄒㄧˋ：張、合、闔、闢）其動也闢，是以「廣生焉」〔翕：張合，收斂〕。

〈四〉：卦象曰：「咸彌矢道」挈同簡萃萬有的生命、物質能量元素之創建與造就，倚「咸彌迨得，履端，堅畢致」曰：「生生之謂易」乃「乾坤咸稽其類而撰之」。

〈五〉：「彌矢之道」乃「坤卦」：陰馴蘊伏之所能「宇宙萬象諸十方界」皆曆歷：「坤卦」上六：「履端，擬冶於「初六之端」而「殖衍堅畢」生呈：「陰陽構精，萬物化生」的「宇宙世界」。

第六章・☷坤卦六二爻辭

〔易經原辭〕（需對照本論辭）。

◎ ䷁ 坤卦六二爻辭（節錄易經講義）。

六二，直方大，不習无不利。象曰：六二之動，直以方也。不習无不利，地道光也。

〔註釋〕

直方大，直是正，方是性行正直，大是開闊宏偉。

〔解述〕

大是體，坤和乾同體，直、方是德，願以從乾，沒有邪曲是直，沒有迷妄是方，有解新新不守其故，是不習，不狃故習，則盛德日新，所以吉利。

〔集註〕

朱子本義：柔順正固，坤之直也。賦形有定，坤之方也。德合无疆，坤之大也。六二柔順而中正，又得坤道之純者，故其德內直外方，而又盛大，不待學習而无不利。占者有其德，則其占如是也。

船山易內傳：陰之為德，端凝靜處而不妄，故為直。奠位不移而各得其宜，故為方。秉性自然，而於物皆利。物无不載，而行无疆矣。九五，乾之盛也。六二，坤之盛也。位皆中，而乾五得天之正位而不過。坤二出於地上，而陰不匱。故飛龍者，大人合天之極致。直方者，君子行地之至善也。

本論天象辭：以本論為準

【本論：䷁坤卦六二爻辭】

六二：「殖緩達，不惜，務埠曆」象曰：「六二之動，殖頤緩治，不惜，務必歷，坤道廣治」。

「䷗復卦」由初行曆至外卦之上六即出于復卦之外，返復回初，故乾、坤初變之卦下卦旁通卦成：「䷩益卦」益卦：合德陰陽。

【註釋】

䷁坤地四重卦變化成：䷋天地卦。

䷀ ䷁ = ䷋

上卦☰：初爻變成：☴

上卦☷：初爻變成：☳

䷩益卦

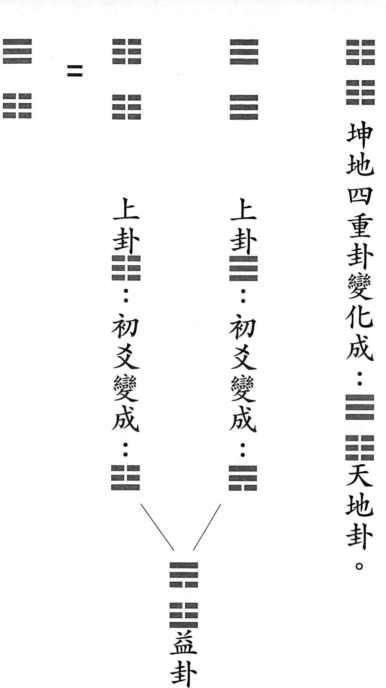

生成陰、陽合德生呈之卦：「☴☳益卦」，此「陰、陽由純卦各自同以「初六變爻」交錯旁通，合德成：「☴☳益卦」「上☴巽、下☳雷」，「上巽初為陰爻」、「下震初為陽爻」，易卦一陰、一陽初變所生呈「益卦」之初爻，「非陰即陽」。循環往復天地乾坤陰陽合德生成：「由☰乾☷坤交易生呈「一陰或一陽之各體相之爻，合成「三合一和之體象」，繫繼、繼繫演繹在「先天外八卦」與「先天內八卦同軸順、逆運行，呈現六十四卦象有「變易卦法隨應原理」。（詳見D圖示與下圖示）即「每一次陰陽合德變爻而各生一陰或一陽曰：旁通（兩個體卦有可旁通成卦爻）一而再、再而三、返復循環、周流不息。繼繼繫繫、迤衍繁殖生生之謂「易」，而各自有其變易。曰：「性」與「命」，即曰：「性命」又個自不同。

【爻辭】

〈一〉：「䷁坤卦」六二：「殖，緩達，不惜，務埠曆」。

〈二〉：象曰：「六二之動，殖頤緩治，不惜，務必歷，坤道廣治」。

【註釋】

〈一〉：

①：殖：繁衍。

②：緩達：需要逐時方可達成。

③：「不惜」：不顧惜自身。

④：「務埠曆」：務必於總埠行曆時空。

〈二〉：「六二之動（啓動）殖頤緩冶，不惜，務埠歷，坤道廣（廣生）冶」。

〈三〉：「䷁坤卦」蘊頤之埠，殖頤乃需隅埠蘊頤生成，緩曆達治，為「宇宙萬象」任何所有生命、物質性命，達臻即之歷曆。

是故，「伏羲先天六十四卦象符號」其「相中有象」，解其「相、象」，不離「四十一法要」的「變易簡易中，有：不易之道所必需依循之法，方可解釋「六十四卦相、象」在「變易」中不離「不易法理」的道。曰：「規矩」亦即：宇宙變化為自然顯象：有規律、有系統的：陽、陰變易在「六十四卦」中有：三百八十四爻對應之變渙諸一切相、象。

【註釋】

爻辭：「殖，緩達，不惜，務埠曆」。象曰：六二之動，殖頤緩治，不惜，務必歷，坤道廣治。

◎爻辭：「務埠曆」：(時空用：埠曆)。

◎象辭：「務必歷」：(行履用：必歷)。

第七章・☷坤卦六三爻辭

〔易經原辭〕（需對照本論辭）。

◎ ䷁ 坤卦六三爻辭（節錄易經講義）。

六三，含章可貞，或從王事，无成有終。象曰：含章可貞，以時發也。或從王事，知光大也。

〔註釋〕

含章：含美於內。

王事：即國家大事。

〔解述〕

陽為陰包，內含章美，貞固自守，但三居下卦之上，不終於含藏，所以有時要出而作事，這是養得識量的恢弘偉大。

〔集註〕

朱子本義：六陰三陽，內含章美，可貞以守。然居下之上，不終含藏，故或時出而從上之事，則始雖无成，而後必有終，爻有此象，故戒占者有此德，則如此占也。

船山易內傳：三為進爻，出而圖功之象，屢乎陽位，故曰從王。象所謂喪朋，而承天時行也。或者，不必然而然之辭。含章，無必於從事之志，乃因時而出，行乎其所不得不行，雖有成功而不自居。終，與之終終之之終，皆以內卦小成言之也。事，雖從王事，在自盡其道，內卦象德，外卦象位，三者德之終也。惟所含者，內有直方之美，故以時發見而可貞。德之已成，實在可見，故從王事，自知其志行之光大而不失時，要以自盡其含弘之用，而非急於見功也。陰以進為美，不倦於行，所以配乾之無疆。

【評論】：

坤卦三爻辭之：「或從王事，无成有終」之爻辭，諸家皆依辭作解，造成以辭說故事的很嚴重錯誤，幾千年來，無一不是，含括所有易經諸家解。

本論天象辭：以本論為準

【本論】

六三：「含章可臻，獲從王事，撫成有功」象曰：「含章可臻，迤時發治，獲從王事，致廣，達治」。

【註釋】

〈一〉：可創建造就的：生命或物質體相，皆需行歷各個殖頤畢致的章程。

〈二〉：「獲從王事」：坤卦「母」象，獲從生養大事之德暉。曰：「獲從王事」，並非去當官之事。

〈三〉：「撫成有功」：撫育頤養之大成，乃為其本質之功能，(註：易經原辭：「或從王事，无成有終」全部是「錯誤解釋」)。

◎「䷁坤卦」六三：「含章可臻，獲從王事撫成有功」。

◎象曰：「含章可臻，迤時發治，獲從王事，致，廣達治」。

〈一〉：「含章可臻」，「迤時發治」迤衍含章的履端畢致，曆時臻而顯現「發萌，長成之啟動：生生之謂易(易：變更且發動)」。

〈二〉：獲從王事「致，廣達治」，「致」：達到由直觀得來的種種觀念。

〈三〉：「廣」：普及眾多數。橫曰：廣，縱曰：袤。（ㄍㄨㄤˇ ㄇㄠˋ）即：廣大遼闊，「達」：通暢四通八達。即：「致，廣達治」。

【註釋】

易繫上六章：「夫易，廣矣，大矣」，「言乎天地之間，則備矣」〔註：時空於各大星系知生滅變易過遇〕。

◎〔含章可臻，迤時發治〕：☷☷坤卦顯現「☷☷坤土的星系運循同軌，而有「定然的時空間隔差距」〔見下圖：○L圖示〕：時空同軌運行間隔差距圖：三分定軸往復時空間隔差距行經圖。〔時間軸磁場共構眾星系之磁空間場，產生時空〕中軸立定規矩運行內外時空差距。

《本論時空共構圖：OL 圖示》

【註釋】

時空是迤衍同歷而「荏苒每一往復，生命與物質性命皆行履在：「同異」、「異同」之「各個單獨曆歷中」，各自隨臨履于：「同異」、「異同」時空而「各履生滅八法」。

第八章・☷坤卦六四爻辭

〔易經原辭〕（需對照本論辭）。

◎ ䷁ 坤卦六四爻辭（節錄易經講義）。

六四，括囊无咎无譽。象曰：括囊无咎，慎不害也。

〔註釋〕

括囊，言如囊盛物，而結其口不使露出，譽（ㄩˊ），欲渠切音余魚韻又去聲，美名。害，傷、殘、禍的意思。

〔解述〕

重陰不中，斂身不出，退藏於密，謹慎无害。

〔集註〕

朱子本義：括囊，言結囊口而不出也。譽者過實之名，謹密如是，則无咎而亦无譽矣。六四重陰不中，故其象占如此，蓋或事當謹密，或時當隱遯也。

船山易內傳：括囊，藏之固也。柔居陰位，四為退爻，不求譽而避咎之道也。四與初同道，而初居地位之下，伏陰自枯。四處重陰之中，而為人位，乃有意沈晦退而自守之象，故不同於初之陰狠。欲退藏以免於咎，則無如避譽而不居，危言則召禍，詭言則悖道，括囊不發，人莫得窺其際，慎之至也。

本論天象辭：以本論為準

【本論】

【☷☷坤卦六四爻辭】

六四：「括囊，務就，務育」象曰：「括囊務就，沁（滲：ㄕㄣˋ）埠懷抮，蘊頤，獲從王事」。

【註釋】

「獲得生養大事的主要功能」曰：「獲從王事」（不是去當官）六三：沁埠中治，初是晉治，六是剝治。☷☷坤第六四陰居正位，三才「人位之上爻」，從初六行經「六二」、「六三」至六四為「地位卦」：「☷☷坤相已成」，已括囊坤母卦象，四爻可互成一卦。

【本論：䷁ 坤卦六四爻辭】：

六四：「括囊，務就，務育」，象曰：「括囊務就，沁(ㄕㄣ)埠，懷抮，蘊頤，獲從王事」。

坤卦：六三爻與六四爻，在坤卦六爻乃「人位爻」之「中位」。

【註釋】

六四爻辭：六四：「括囊，務就，務育」。

〈一〉：「務就」：務必要成就。

〈二〉：「務育」：務必需撫育。

〈三〉：「抮」：懷抱。

象曰：

〈一〉：「括囊務就，沁埠懷抮」即濟蘊頤，撫頤（抮：懷抱）。

〈二〉

：「蘊頤，獲從王事」坤母乃獲從生養撫頤之大任，曰：獲從王事。（此句不可錯誤解釋）：故而重複解釋在六三、六四爻之人位卦爻象辭。

第九章・☷坤卦六五爻辭

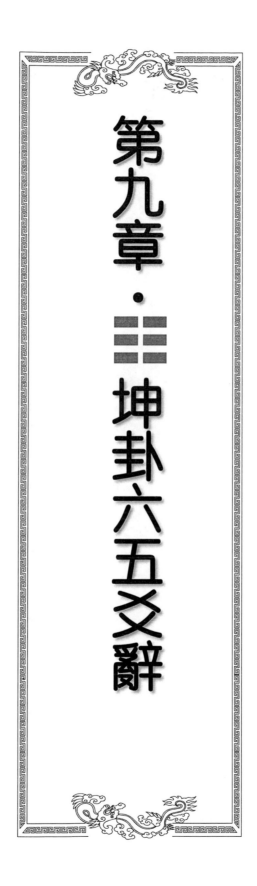

〔易經原辭〕（需對照本論辭）。

◎ ䷁ 坤卦六五爻辭（節錄易經講義）。

〔註釋〕

黃裳，黃中色，裳下飾，五居尊位，坤之極貴，能處以中和，則元吉。

〔解述〕

黃是中色，裳是下飾，元是大善，有中順的德，不是虛假。這樣，充美在中，而有表現在外的文采，有證得在內的文明。

〔集註〕

朱子本義：黃，中色。裳，下飾。六五以陰居尊，中順之德，充諸內而見於外，故其象如此。而其占為大善之吉也，占者德必如是，則其占亦如是矣。春秋傳：南蒯將叛，筮得此爻，以為大吉。子服惠伯曰：忠信之事則可，不然必敗。外強內溫，忠也。和以率貞，信也。故曰黃裳元吉……且夫易不可以占險，三者有闕，筮雖當，未也。後蒯果敗，此可以見占法矣。文在中而見於外也。

船山易內傳：黃者，地之正色，既異黑白之黝素，尤非青赤之炫著，於五色為得其中，衣在上而著見，裳在下而又有芾佩以掩之，飾在中而與衣文質相配者也。六五居中以處上體，而柔順安貞之德，自六二而已成大順之積，體天時行，若裳以佩衣，深厚而美自見，宜乎其吉矣。凡言吉者，與凶相對之辭，自然而享其安之謂。黃裳，非以求吉而固吉，故曰元。凡言元吉者準此。

【評論】：

船山易六五爻辭乃對應六二爻辭，以「當王侯」之論述，又以應時而出，推之不卻而當之，亦可无成，又有可終，易經原辭，皆錯此辭意。

本論天象辭：以本論為準

【本論：䷁ 坤卦六五爻辭】

六五：「黃，展，衍籍」象曰：「黃展衍籍，聞（ㄨㄣˋ）載中治」（聞ㄨㄣˋ：有良好聲譽）。

【註釋】

〈一〉：「犢」黃口為雛鳥，小犢、幼兒，皆稱「黃」，「展」：進展。曰：「展衍籍」由犢、雛、幼小動物皆稱黃，由小撫育長成。曰：「展」，

「黃，展衍，籍」〔註：各種類皆分別各籍〕

〈二〉：象曰：黃展衍籍。聞(ㄨㄣ：聲譽)載中治(中為埠軸亦即蘊頤之器)。

【解】：

〈一〉：「䷁ 坤卦」六爻皆陰為一「六爻同隅」的整體相，主示，坤卦於初六：「履端，堅畢致，晉六二：殖，緩達，不惜，務必歷。晉「六三」：「含章可臻，獲從王事〔坤母有獲得生養之大事，且其本身即蘊含有此章程之功能。曰：含臻可臻獲從王事，撫成有功（不是无成有終）」撫（撫育成長）成有功，迤時發也，一切過程有「時空行曆所造就，「六三爻」象曰：含章可臻，「迤時發也」：迤時間臻畢「生成」皆由「☷☷坤母」括囊所有章程，故以「獲從王事，撫成有功」用以顯現「坤」母有「德行光輝」。

〈二〉：三乘四承，括囊臻畢，六四：務就，務育，象曰：「括囊務就。沁埠懷抮。（撫育幼小）。（抮ㄓㄣˇ：抮抱、養頤，亦即：「逅順德暉」，彖辭：「乃與類衍」：乃中牖罄「可依中頤牖罄繼繫，咸臻致頤，應遞无疆」象徵：「䷁坤」母之德性永續展衍，獲從王事，撫成有功。

【評論】：

〈一〉：數千年來，研易之先聖先賢，皆有寫註：「易經書籍」，但卻依循易經之原辭，引譯各自之內容，千篇一律，一錯再錯。

〈二〉：原辭所載皆用「史事」、「民間小事」、「依辭講事」

〈三〉：「伏羲先天六十四卦相」是「宇宙觀學理論」變渙于：「六十四卦相之整體架構與互磁陰陽變化

運循」顯示在「卦象陰陽六爻」之變渙當中。

〈四〉：本論已將「易經六十四卦」全部改為：「天象用辭」，包括「上下繫辭」，將逐次出版正確天象六十四卦象之用辭。

第十章・坤卦上六爻辭

〔易經原辭〕（需對照本論辭）。

◎ ䷁ 坤卦上六爻辭（節錄易經講義）。

上六，龍戰于野，其血玄黃。象曰：龍戰于野，其道窮也。

〔解述〕

陰盛到了極點，和陽戰，陽傷而陰亦傷，所以血是玄黃的雜色。

陰和陽戰，陰到窮極。

〔集註〕

朱子本義：陰盛之極，至與陽爭，兩敗俱傷，其象如此，占者如是，其凶可知。

程子易傳：陰從陽者也，然盛極則抗而爭。六既極矣，復進不已則必戰，故云戰于野。野，謂進至於外也。既敵矣，必皆傷，故其血玄黃。陰盛至於窮極，則必爭而傷也。

船山易內傳：陰亢已極，則陽必奮起。龍，陽物也。于野，卦外之象。陰陽各有六位，坤六陰畢見，則六陽皆隱，而固在此盛而已竭，彼伏而方興，戰而交傷，所必然矣。陽之戰陰，道之將治也，而欲奮起於涸陰之世，則首發大難必罹於害，陳勝項梁與秦俱亡，徐壽輝張士誠與元俱殞。民物之大難，身任之則不得辭其傷。易為龍惜而不惜陰之將衰，聖人之情見矣。

本論天象辭：以本論為準

【本論：䷁坤卦上六爻辭】

上六：「龍戰於野。啓(啓動)血(剛強母性)眴(ㄒㄩㄢˋ：烱戒)黃(犢口小幼仔子)」，象曰：「龍戰於野，其道烱戒護類」。

【註釋】

〈一〉：「上六」已極終爻提綱領挈之爻，「䷁坤卦」六爻皆陰，陰極返陽。故，返陽則剛且健，其性也「血」：剛強。

〈二〉：「六五：黃，展衍籍」：黃，即：幼仔，「舐犢之私」乃：「護頤撫育」坤母天性之德暉。

〈三〉：陰即返陽，上之用：「龍」象徵「坤母」剛健，為母則強，啓動「護頤」本能剛性曰：「血」，「戰」即「交战、對抗」。〔即濟：護〕

〈四〉：「眴（ㄒㄩㄢ眼神烱烱）黃（幼仔），本能護仔，顯現烱戒或備戰於野。

〈五〉：象曰：「龍戰於野，啓道烱戒護類」，上六爻辭接繼：六三爻：「獲從王事，撫成有功，為三、六互應之辭」，文言曰：「坤至柔，而動也剛」。

〈六〉：䷁坤為地，乃俱備「蘊頤，撫成」之本能，顯現于「宇宙間第四度空間的所有「星系運循」，其互磁交易陰陽乃：「生生之謂易」為「䷀乾天、䷁坤地，之德本」。

【總論】：

「䷁坤卦」主象徵乃「坤牝」有「蘊頤」，「養頤、護頤」，母性的德性光暉，亦相顯：「宇宙萬象生命極至物質性命，皆有「自然五行絪縕」所「復合」而「造就、創建」宇宙十方、十界、十度空間亦皆俱足各個世界有磁能量場之互旋生呈堅輒埠輯的護頤功能，大壯卦之上六：「埠能兌、埠能遂」亦連繫「坤卦上六爻護頤堅輒的母性德暉」。

【卦象】：

「䷁坤卦」六爻遍於諸方十界、十度空間。皆不悖：

〔太極圖：陽伏蘊陰，陰蘊伏陽」的「陰陽對應理論」。

◎坤卦圖示：AY圖示：〔夫玄黃者，天地之雜也，天玄而地黃〕，〔撫成，衷也〕。

《天地星系互旋圖：AY 圖示》

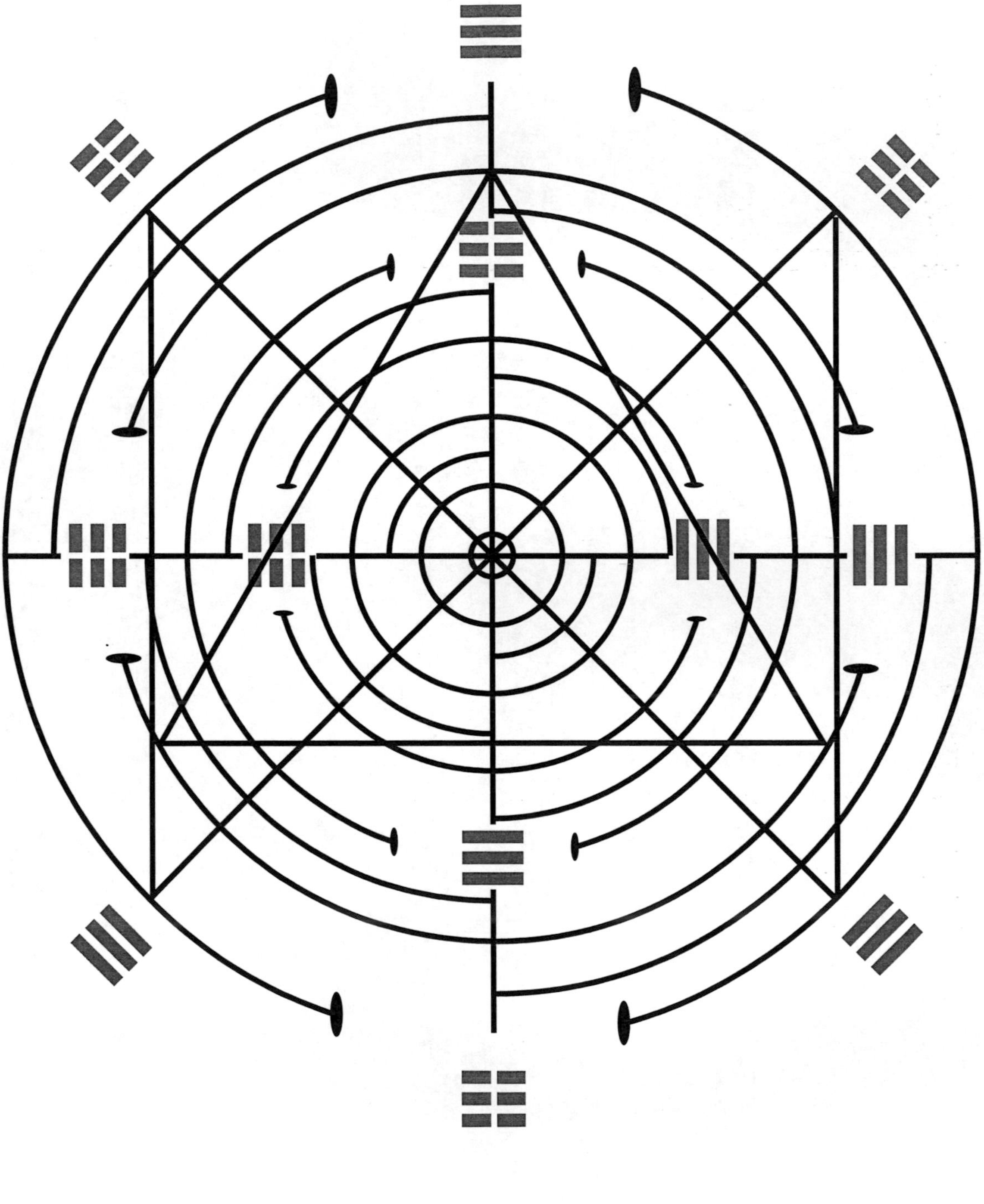

乾坤、天地、陰陽有交，類雖雜而衍衷，天玄在坤卦上六之外居上，坤卦六爻之內皆有陰陽別類，生息交替、顯象的法理「互蘊成章」。

〔釋AY圖〕：

「䷁坤土」為：「地」，「地」即是「星球」而且是「已經過䷀乾天空有五行絪縕對應立呈的：是一大星系共構中的：有智慧生命體象的需棲居共生於「坤土」之上之所有生命與物質，「䷁坤地」：乃「蘊頤之方界星球」，即：〔AY圖〕已架構完成一大星系至一小星系有：「時間磁能量軸」結構「磁孚運動能量」帶動整個星系的循環運動，方能產生」時間中軸磁場，並互磁運行「空間之星系同軸運循䷀乾天大太空間中」。任何大星系于「易經六十四卦」皆歸隸于：「䷸巽空大太空間。」具有：「時間磁場」帶動整個空間所有互磁定位的星系，一同運循於：「䷀乾天太空中」是：「牖儀軌運循定律」，即如在地球上的「白天」、「晚上」返復運轉「時空」而其「互磁」與「定位」、「運循時空」即濟：「一星系各自生命之啓動，行歷：「生滅六相八法」，共構于：「交互磁頻率中，有穩固的運動規範」且：「可以見測」萬物化生於：䷁坤土地之蘊頤。

◎ ䷁ 坤卦時空架構互磁運転時空

註：三點為時間軸，四點為空間場，磁應榫卯共構于三點立軸之外兩個對應點上，定位磁場同一軸磁旋循環。

《天地星系磁運圖：AZ 圖示》

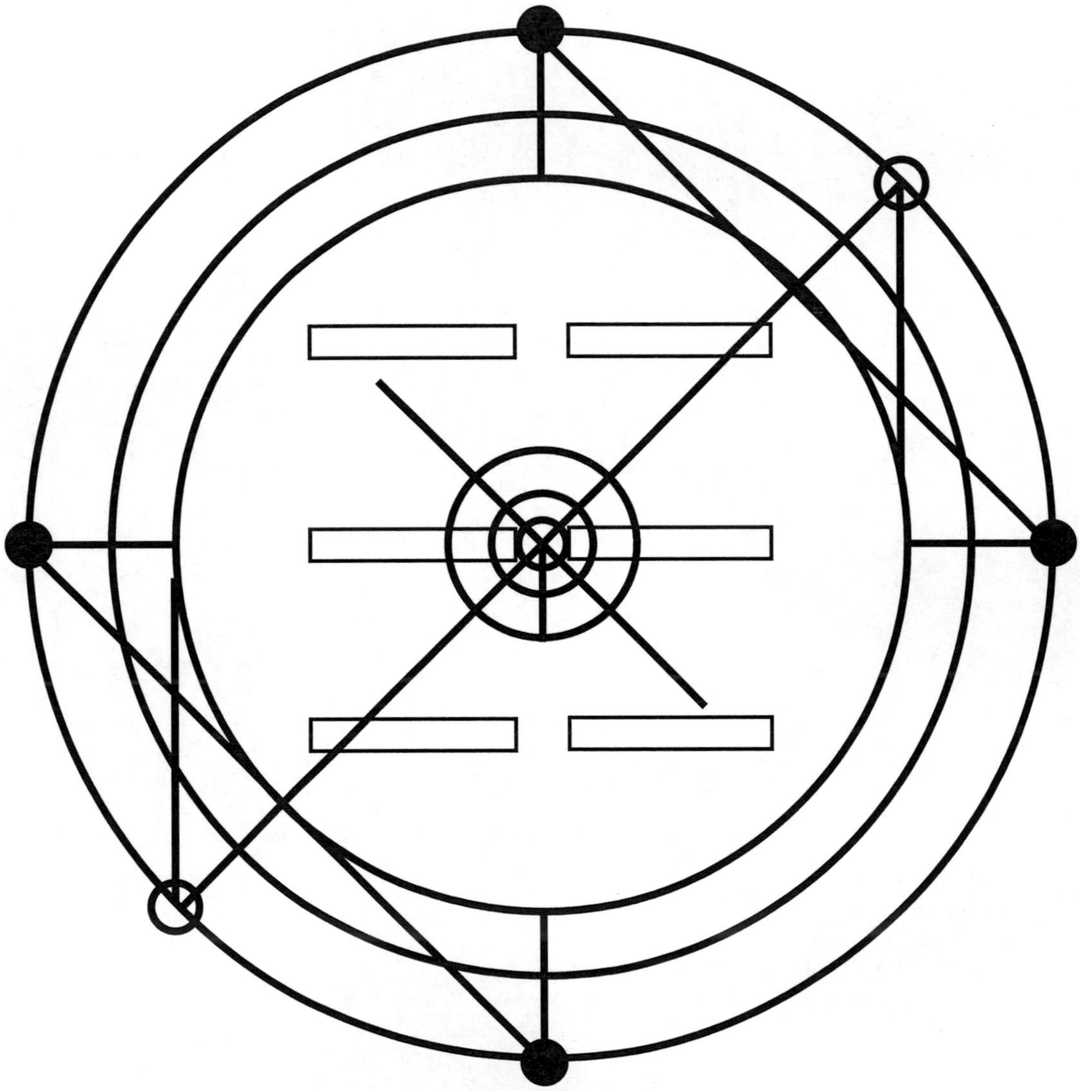

〔釋AZ圖〕：

AZ與AY圖不同於「AY圖」呈一星系各星體磁蘊共構且「向立極中心彙萃」而「AZ圖」則顯示「一大星系」總架構之磁能量場，以「三點定軸」以中心太極立極點定軸為「時間軸」，大星系外則以「四點向內定位的主定位場」，所有運転定位的星系智慧生命方可測見「時空運行」於「星球彼互反復定位運転時空」，詳見C圖示。

第十一章・易卦占卜天象人事總論

〔卦相變渙法則〕：

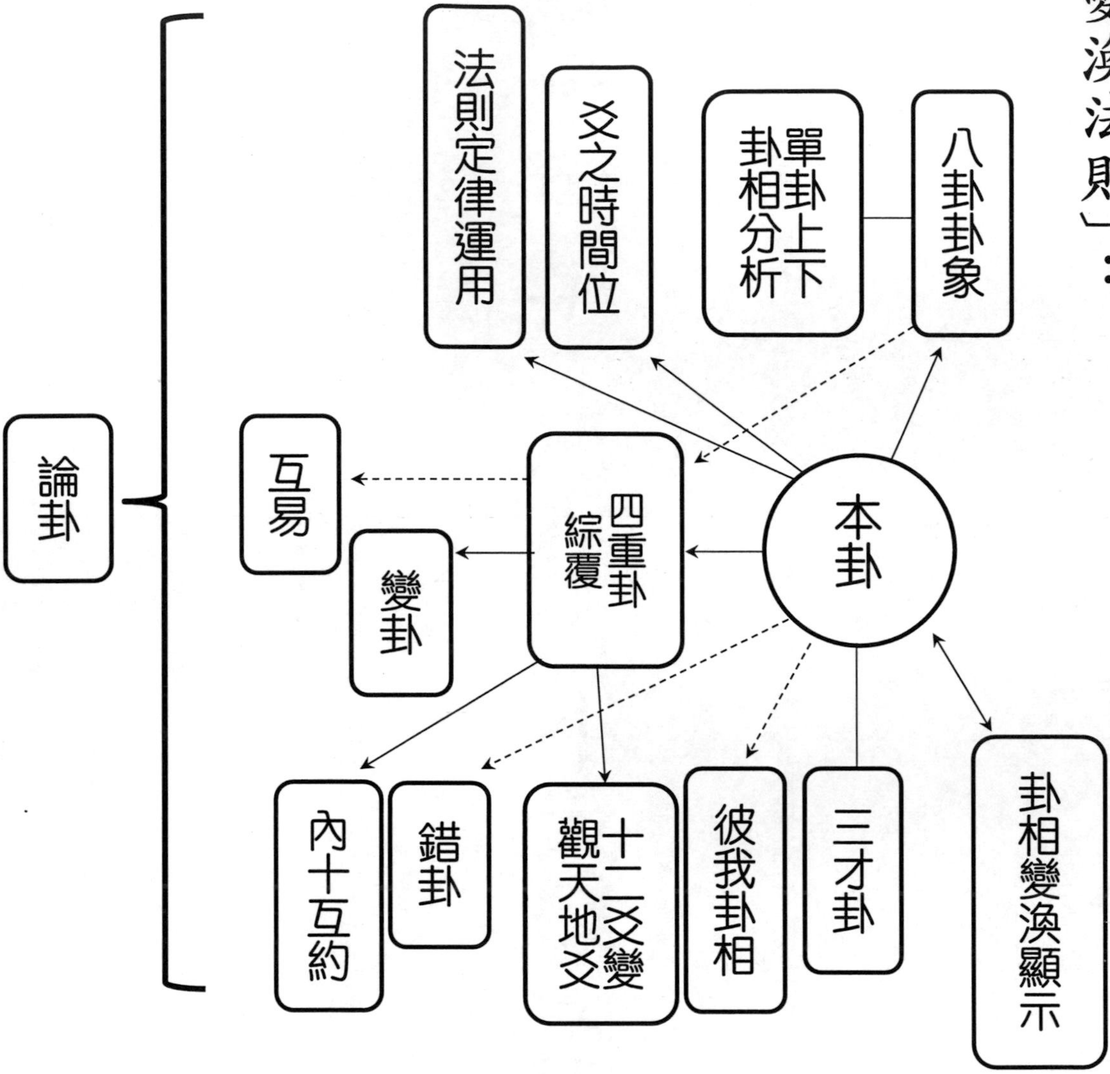
八卦卦象
單卦上下卦相分析
爻之時間位
法則定律運用
本卦
四重卦綜覆
互易
變卦
論卦
卦相變渙顯示
三才卦
彼我卦相
十二爻變觀天地爻
錯卦
內十互約

〔陰陽相對屬性對照表〕：

屬性

- 土性
  - 陽—量宏懷寬△
  - 陰—厚顏無恥▲
- 火性
  - 陽—熱情好義△
  - 陰—執拗暴躁▲
- 水性
  - 陽—沉靜聰明△
  - 陰—陰險多術▲
- 木性
  - 陽—寬厚仁慈△
  - 陰—嗔恨嫉妬▲
- 金性
  - 陽—剛毅果斷△
  - 陰—專制寡情▲

△陽之常態　　▲陰之變態

對比

- 後 前 — 隨
- 音 聲 — 和
- 低 高 — 傾
- 長 短 — 形
- 易 難 — 成
- 無 有 — 生

統一

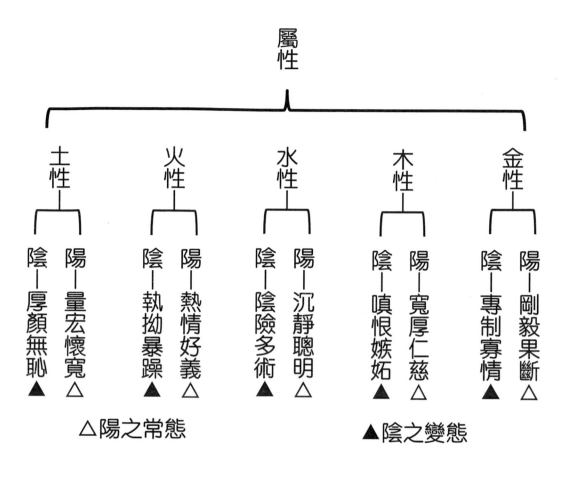

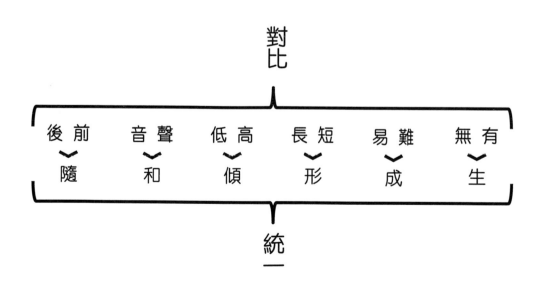

〔八單卦卦象及取象歌〕：

八單卦卦象

☰ 乾卦
☱ 兌卦
☲ 離卦
☳ 震卦

☴ 巽卦
☵ 坎卦
☶ 艮卦
☷ 坤卦

八卦取象歌

☰ 乾三連
☷ 坤六斷
☳ 震仰盂
☶ 艮覆碗

☲ 離中虛
☵ 坎中滿
☱ 兌上缺
☴ 巽下斷

〔八單卦象徵表〕：

	乾 ☰	坤 ☷	震 ☳	巽 ☴	坎 ☵	離 ☲	艮 ☶	兌 ☱
自然	天	地	雷	風	水	火	山	澤
人間	父	母	長男	長女	中男	中女	少男	少女
屬性	健	順	動	入	陷	麗	止	說（悅）
動物	馬	牛	龜	鷄	豕	雉	狗	羊
身體	首	腹	足	股	耳	目	手	口
方角	西北	西南	東	東南	北	南	東北	西

八卦數例與先天八卦圖

乾 一
兌 二
離 三
震 四
巽 五
坎 六
艮 七
坤 八

《先天八卦圖》

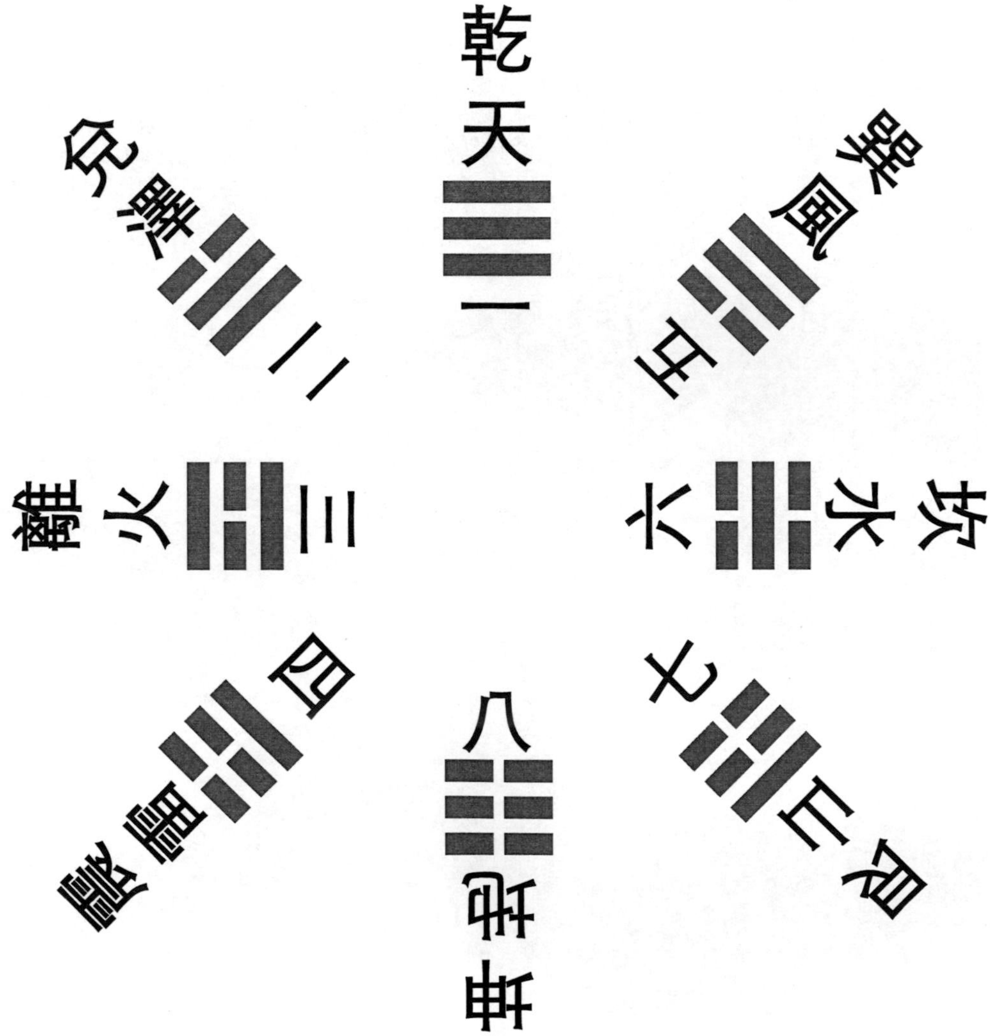

〈一〉五行生剋速見表：

⑨金生水，水生木，木生火，火生土，土生金。

⑩金剋木，木剋土，土剋水，水剋火，火剋金。

《五行生剋速見表》

五行相生相剋

生　生　生　生　生

金→水→木→火→土→金

剋　剋　剋　剋　剋

金→木→土→水→火→金

〈二〉天干地支之五行與生肖：

天干	五行
甲	木
乙	木
丙	火
丁	火
戊	土
己	土
庚	金
辛	金
壬	水
癸	水

地支	五行	生肖
子	水	鼠
丑	土	牛
寅	木	虎
卯	木	兔
辰	土	龍
巳	火	蛇
午	火	馬
未	土	羊
申	金	猴
酉	金	雞
戌	土	狗
亥	水	豬

〈三〉四季月令表：

孟春正月建寅	端月
仲春二月建卯	花月
季春三月建辰	桐月
孟夏四月建巳	梅月
仲夏五月建午	蒲月
季夏六月建未	荔月
孟秋七月建申	瓜月
仲秋八月建酉	桂月
季秋九月建戌	菊月
仲冬十一月建子	葭月
季冬十二月建丑	臘月

〈四〉

四方定位：

東方甲乙寅卯──木，應乎正、二月，居於震宮。

南方丙丁巳午──火，應乎四、五月，居於離宮。

西方庚辛申酉──金，應乎七、八月，居於對宮。

北方壬癸亥子──水，應乎十、十一月，居於坎宮。

中央戊己辰戌丑未──土，應乎三、六、九、十二月。

子、午、卯、酉為四正，東、南、西、北為四方。

〈五〉四季運轉與五行旺相：

春、夏、秋、冬為四季，又稱四時。日月寒暑交替運行，永不停止，而產生五行之生剋。如下：

1. 論四時五行：

(1) 甲乙寅卯木旺於春。

丙丁巳午火旺於夏。

庚辛申酉金旺於秋。

壬癸亥子水旺於冬。

戊己辰戌丑未土旺於四季。

(2)

春木旺、火相、水休、金囚、土死。

夏火旺、土相、木休、水囚、金死。

秋金旺、水相、土休、火囚、木死。

冬水旺、木相、金休、土囚、火死。

2. 五行旺相休囚死速見表：

	春	夏	秋	冬	四季
旺	木	火	金	水	土
相	火	土	水	木	金
死	土	金	木	火	水
囚	金	水	火	土	木
休	水	木	土	金	火

〈六〉十二時辰速見表：

上午

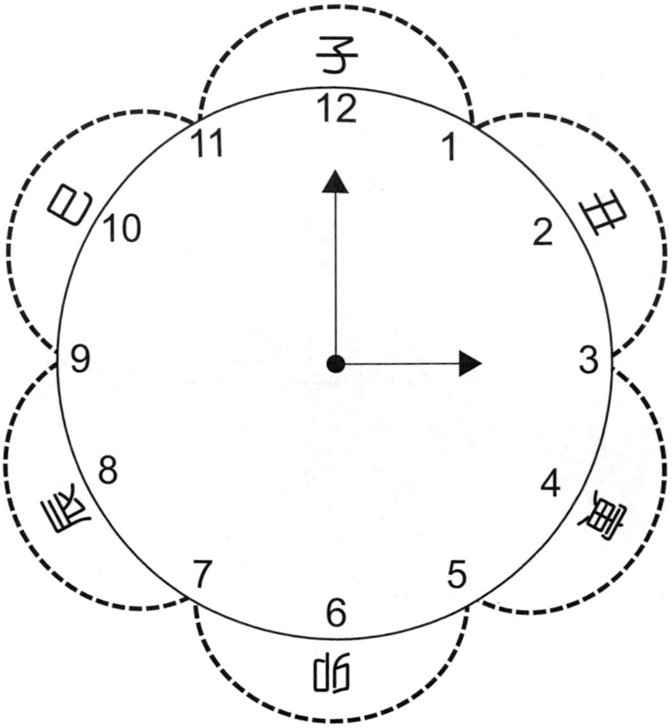

下午

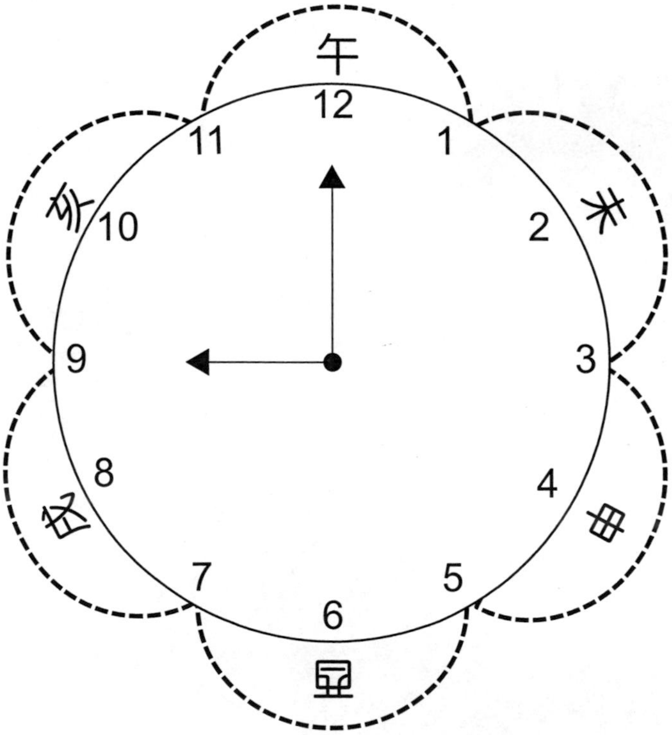

【八單卦的象徵意義】：

㈠：☰ 乾、天

◎月令以陽曆廿四節氣月令。

陽曆季節—從十月上旬寒露至十二月大雪的二月間。

時間—十八時至二十一時。

天象—晴天、太陽、天空、乾旱、嚴寒、爲寒、為冰。

人物—父、祖先、主人、長輩、老人、宰相、夫、上司、官吏、資家、神明、剛健的人、總經理、軍人、有威嚴的人、君子、援助者、中心人物、有影響力者、經營者等。

人體—首、頭、左肺、脊髓、骨。

疾病症狀—高熱、肺病、頭昏、腫瘡、腦溢血、便秘神經系統疾病、頭痛、高血壓、急劇性疾病。

市場行情—上漲、騰貴。

場所—都會、首府、寺廟、官衙、名勝、廣場、郊外、運動場、競場。

動物—龍、獅子、虎、鯨、象、馬：(龍、蛟)

植物—常綠樹、杉、松、樹木的果實。

雜物—堅硬之物、圓形物體、覆蓋物、高價物品、活動物體、巨大物、鏡、鐵、礦物、米、齒輪、寶石、貴重金屬、大廈、汽車、機械、果實、通貨、鐘錶。

性情——工作熱心、能掌握大局、獨立性強、很重現實、善於交友，但樹敵亦多、個性活躍、領導能力強、風度翩翩，為人風趣。

其他——信仰、大、充實、圓形、競技、活動、繁忙、膽量、果斷力、堅固、健康、戰爭、懷胎、過份、超出預算、政府、施行、藏、氣力、抽象、錢正面。

人事—剛健、武勇、果決、多動少靜、高上屈下、
佔有慾強烈。
出行—利於出行、利西北之行、夏占不利。
婚姻—有聲名之家、秋占宜成、冬夏不利。
求財—有利、公門中得財。
交易—成、夏占則不利。
官訟—有貴人助、秋占勝、夏占失理。

㈡：☱兌、澤

陽曆季節——從九月白露到十月寒露的一個月間。收成時節。

時間——十五時至十八時。

天象——陰時多雲，快下雨、梅雨。

物——太空飛行器、空行飛船、飛碟。

人物——少女、娼妓、酒吧女、銀行職員、歌星、翻譯人員、發起人、放款人、非處女、妾。

人體——口、肺、呼吸器、女性性器官、齒、言。

疾病—肺病、呼吸器官疾病、性病、婦女病、跌打損傷、
言語障礙、口腔內疾病。
方位—西、右、右白虎位。
人事—喜悅、飲食、口舌、毀謗、色情、一時中止、
缺三分之一、斲損、妖豔。
市場行情—價格低
場所—沼澤地、娛樂場、食堂、凹地、講習會場、咖啡店、
銀行、低窪地、水邊、鳥屋、廚房、花街柳巷、池、谷
、湖、山崩地裂之地。
動物—鳥、河魚、羊。

植物——秋季開花的七種草（荻、葛、雄花、瞿麥、女蘿蘭草、桔梗）、生薑。

雜物——紙幣、食物、刀劍、有缺口之物、玩具、鷄肉、鷄肉飯、甜酒、咖啡、鍋、鋁水桶、撲克牌、星、扇、口香糖、樂器、金類品、瓷器、人造人屬、碟型物。

婚姻——秋占可成、利少女、不利中女：二次婚。

求財——有損、有口舌、秋占無損、夏占不遂。

官訟——曲直未決、因公事有損。

性情——性格爽朗而且愛慕虛榮、有常識、有自滿於小成就的傾向、情慾強烈、容易受誘惑、口才好而且機敏、講究享受、易聽信人言、性格不剛強。

其他——經濟、金融、利息、口才、口角、戀情、笑、色情、一時中止、封套、缺三分之一、折斷、彎曲、妖豔、喜悅、口令。

㊂：☲ 離、火

陽曆季節——從六月上旬芒種至七月上旬小暑的一個月間。

太陽南回、陽光烈之時，為陰陽分歧點，從陰陽兩作用的分界而言，有別離意味。

時間——九時至十二時。

天象——晴、日、電、火、熱能量。

人物——中女、教師、美人、藝術家、文學家、推事、美容師、設計師、學者、消防人員、演員、知識份子、高科技、文明。

人體——心臟、眼、臉部、陽性細胞。
疾病——心臟病、眼疾、高熱、灼傷、便秘、頭暈。
市場行情——上漲。
方位——南、朱雀位。
場所——美容院、圖書館、火災後的廢墟、燈塔、法院、
　劇場、資料館、裝飾品店、藥局、文具店、學校、
　噴火口、瞭望台、教會、科技研究所。
動物——金魚、孔雀、螢火蟲、雉、螃蟹、龜。
植物——南天竹、胡桃、楓樹、牡丹、花。

雜物——美麗物品、裝飾品、化粧品、眼鏡、火爐、文書、畫畫、飛器、股份、票據、印鑑、文具、電視、鏡子、槍、刀、蠟燭、火柴、藥品、曬乾物品、照相機、樣本、火槍、長鎗、戈。

性情——注重外表、性情善變、動輒發怒、性急欠冷靜、經常失敗、表面明朗、生性懦弱、有先見之明、才能卓越、如得貴人扶持前途輝煌、求知慾強、重名譽。

其他——精神、學問、教育、公事、先見之明、發現、名譽、尖銳、輝、藝術、離別、炸彈、火藥、戰爭兵伐、爆炸、切割、手術、爭、激烈、美、發明、外觀、

美容、華美、文明、光、理想、表現、記錄、

八面玲瓏之人、法律書、律法、制典、書籍。

人事——文書之所、有聰明才學、相見虛心、分家、

專業科技人員。

出行——可行、宜南方、慎於行舟。

婚姻——利中女之婚(二次婚)、不利少女之婚。

求財——有利、交易可成、立夏。

官訟——已動文書、可明析。

㈣：☳震、雷

陽曆季節——從三月上旬驚蟄至四月上旬清明的一個月間。太陽遠離，有孕育萬物萌芽之勢。

時間——三時至六時。

天象——晴、雷雨、地震。

人物——長男、青年、廣告、宣傳人員、廣播員、接線生、電氣、與樂器有關的人、勇者、不安份的人、急性子的人、公職人員、獄官、軍警、王侯、發號司令之職、將帥。

人體——肝臟、神經、腳。

疾病——肝臟病、暈眩、歇斯底里症、神經痛、痙攣、百日咳、氣喘、風濕病、突發病症、肌肉痛、受傷。

市場行情——變動、上升。

動物——龍、鳴蟲、龜、雀。

方位——東、左、左青龍位。

植物——檸檬、嫩竹、仙人掌、蜜柑、山茶。

雜物——電器用品、發出聲響之物、樂器、鈴、電話、廣告傳單、燈火、煙火、新潮用品、新品樹苗、壽司、槍。

性情——個性爽朗、善於交際、積極而且早熟、有桃色糾紛、
有所偏愛、個性倔強、卻無膽量、性急而且感情化、
說話易遭誤解，而且感到痛苦、征伐。

其他——繁榮、發展、爬升、伸長、侵入、希望、奮起、
聲音、音樂、鳴叫、雷鳴、動、激烈、喧囂、火災、
明朗、新鮮、性急、度、評價、宣傳、廣告、誑語、
勇敢、嚇人之物、頻動、波動。

人事——起動、怒、虛驚、多動、宜官職。

婚姻——可成、聲名之家、長男之婚大吉。

求財——有利、求名有利正職。

官訟—有虛驚、反覆之象。
出行—可、宜利東方。

⑤：☴巽、風

陽曆季節—從四月上旬清明至芒種約二個月間，陽氣滋生時。

時間—六時至九時。

天象—刮風、不下雨、龍捲風、旋泓。

人物—長女、推銷員、商人、旅行者、來客、郵局工作人員、迷失人、未婚者。

人體—肝臟、呼吸器官、腸、股、食道。

疾病—感冒、呼吸器官的疾病、腸疾、狐臭、性病、流行性疾病、肝臟病、病情忽好忽壞、氣喘、中風。

市場行情—不穩定、有下跌傾向。

方位—東南。

婚姻—大利長女之婚。

人事—柔和、不定、鼓勵、利市交易、迷惑、忌輕率行事。

官訟—速和可無事、不宜糾纏。

求財—有利、不利秋季。

出行—可、老者有疾患。

場所——道路、連絡用道、遠處、機場、海港、電信局、信箱、郵筒、商店、加工廠。

動物——蛇、鳥、蝴蝶、白帶魚、蜻蜓、海鰻。

植物——竹、木、柴。

雜物——電風扇、螺旋狀物、飛機、木製品、長繩、加工品、帶、線紙、羽毛、帆、扇、枯葉、麵條、佛香、香水、繫。

性情——慈祥溫和、樂於助人、說話婉轉、喜歡社交、果斷力弱、容易喪失好機會、自我認識不夠、滿腹牢騷、過於自負。

其他——交際、關照、友情、信用、買賣、不定、謠言、

遠方、旅行、通訊、迷惑、搞錯、長、飛、說媒、

結論、和諧、機警敏捷、風俗、輕率、敷衍、傳遞、

波頻、飛碟、旋雲。

六：☵ 坎、水

陽曆季節——從十二月上旬大雪到一月上旬小寒的一個月間。

　　為等候春天的降臨，必須忍耐準備的堅苦時期。

時間——二十一時至二十四時。

天象——雨雪交加、霜、梅雨、寒氣、月、雲、水氣。

人物——中南、船員、法律專家、思想家、部下、介紹人、

　　性感之人、盜賊、病人、死者。

人體——耳、腎臟、性器官、肛門、臀部、子宮、陰性細胞。

疾病━耳炎、腎炎、尿道炎、糖尿病、出血、喀血、化膿、盗汗、中毒、酒精中毒、下痢、寒症、婦女病、月經不順、性病、痔瘡、疼痛症。

方位━北、玄武位。

出行━不宜太遠(外國)、防有困陷。

市場行情━下跌、最低價格。

場所━穴、洞穴、水源地、瀑布、河川、污水、水利局、井邊、洗間、酒店、地下、內側、後門、寢室、等候室、海中、北極、運補、輸送、暗昧處所。

動物━魚、貝類、狐、豬豕。

植物——絲瓜、水草、水仙、蘿蔔、紅梅。
雜物——食用水、泉、飲料、牛乳、汁、醬油、酒器、海苔、豆腐、菜、毒藥、針、筆、弓、水晶、石油、環、酒、車、舟、矛、箭矢。
性情——不圓滑、有怪癖、講求面子、面惡心善、注意力集中、熱心、爲達目的不顧不切、勞碌而且神經質、不知變通、意氣用事、自傲、喜獨處。
其他——濡濕、創始、沉沒、潛入、流轉、煩惱、勞苦、貧困、孤立、障礙、疾病、性交、隱情、私奔、秘密、幽會、裏面、睡眠、鎮靜、親愛、親睦、連絡、法律、思考、計謀、狡猾、黑暗、寂寞、儲屯、補給、運送、儲屯、大型航器、弓輪矯揉之物。

婚姻——大利中男之婚。

人事——險陷、卑下、外示以柔、內序以利、或隨波逐流。

官訟——不利、困陷。

求財——利水產攸關生意有利、行舟車運有利、不利土地合夥投資、置產可、週轉有困難。

㊆：☶艮、山

陽曆季節——從二月立春至三月上旬驚蟄的一個月間。

由冬入春的變化時期。

時間——零時至三時。

天象——陰、迷矇。

人物——少男、繼承人、家族、親戚、同業者、革命家、頑固者、高尚之人、奇特之人、貪心之人、警備人員、飯店工作人員、倉庫管理人員、後繼者、礦業人員、監獄監管人員。

人體——關節、背部、鼻、手指、男性性器官。
疾病——關節痛、骨折、鼻炎、腰痛、血氣不順、脊椎骨的
　　疾病、跌打損傷、脾臟疾病。
市場行情——漲停板。
場所——城、石牆、土堤、山岳、山林、閣寺、高山、高地、
　　宿舍、旅館、倉庫、小庫房、二樓、階梯、拐角、
　　走廊、門、出口、椅子、山路、境界、貯藏所、橋、
　　丘陵、家、囚獄、檻、防空洞、山內建築物。
動物——狗、有牙齒之動物。
植物——百合、桃、李、藤蔓、瓜果。

雜物——不動產、門、小石、桌、倉庫物品、牛肉、鹹魚子、藤生物、纏住、山芋、高級甜點心。

人事——阻隔、守靜、進退不決、背叛、止住、不可見謁、改革、關店、儲蓄、慾念、遭拒絕、堅固、復活（火山、植被）、糾纏、再起、頑固、交易難成。

求財——利山耕與山地買賣、其餘無利或小利。

婚姻——利少男之婚、其他有阻隔難成、遲滯之象。

官訟——牽連不絕、阻滯、終可解、忌有牢獄之災。

出行——宜陸、勿遠行。

性情——做事穩健且受長輩提攜、在實業方面有所成就，如私慾過重、將遭朋友排斥而被孤立、不屈不撓、具有重振雄風的毅力、性情保持平和、改變方針時多加注意，則可獲得幸輻、好惡明、好勝而且理解力強、自我主義。

其他——親屬、繼承、轉捩點、改革、革命、復活、再起、改良、整理、停止、中止、退、關店、儲蓄、慾念、頑固、高尚、拒絕、歡迎、堅固。

㈧：☷坤、地

陽曆季節—從七月上旬小暑至九月上旬白露的二個月間。

時間—十二時至十五時。

天象—陰。

人物—妻、母、女、老婦、農夫、民衆、勞工、副主管、平凡人、溫順的人、老母。

人體—腹部、胃腸、皮膚、肉、皮肉、內臟。

疾病—胃腸疾病、消化不良、食慾不振、皮膚病、下痢、便秘、過勞、老化、死亡。

市場行情——跌停板。

場所——平地、農地、農村、山村、原野、鄉村、故鄉、安靜場所、黑暗地方、工作場所、地底建築、地底創建物。

動物——母馬、牛、家畜、蟻、百獸。

植物——蘑菇、芋、馬鈴薯、蕨、地底農物。

雜物——布、棉織品、袋子、床單、被單、書、貼身內衣、綢緞、不產、古物、土器、陶瓷器、鍋、釜、容器、空箱子、榻榻米、甘薯、粗點心、廉價品、粉末、日常用品、鞋、古董、錢頁面。

性情——外柔內剛、腳踏實地努力，可獲成功，一點一滴累積以致富，缺乏創意與果斷力，但工作認眞、踏實而且個性柔順，在組織中受人信賴，適合輔助性質的工作、和順、卑下。

其他——樸實、農業、低等職業、勤務、營業、傳統、舊式、拖延、夜、黑暗、不消化、空虛、空、吝嗇、認眞、參謀、四角、厚、等、具體的、靜、錢頁面、軍隊、民眾、團結、順從。

人事——柔順、懦弱、樸實、為副不為主。

婚姻——吉利和順、相睦、無阻、先孕之象。

出行—可、春占防盜失、或有迷路、無礙。

求財—有利、大利土地房屋田產買賣、多而於中取利交易

忌不明物品。

官訟—順理、皆可解。

第十二章・八純宮八變法

易占八宮卦變化表

（一）乾宮（金屬）所屬八個重卦

䷀ 純乾卦（乾為天）爲本宮各卦變動開始點

䷫ 第一爻變（天風姤）

䷠ 第二爻變（天山遯）

䷋ 第三爻變（天地否）

䷓ 第四爻變（風地觀）

䷖ 第五爻變（山地剝）

䷢ 回來第四爻變（火地晉）

䷍ 下卦全變（火天大有）

(二)

兌宮(屬金)所屬八個重卦

䷹ 純兌卦(兌爲澤)為本宮各卦變動開始點

䷮ 第一爻點(澤水困)

䷬ 第二爻變(澤地萃)

䷞ 第三爻變(澤山咸)

䷦ 第四爻變(水山蹇)

䷎ 第五爻變(地山謙)

䷽ 回來第四爻變(雷山小過)

䷵ 下卦全變(雷澤歸妹)

(三)離宮(屬火)所屬八個重卦

䷝ 純離卦(離爲火)爲本宮各卦變動開始點

䷷ 第一爻變(火山旅)

䷱ 第二爻變(火風鼎)

䷿ 第三爻變(火水未濟)

䷃ 第四爻變(山水蒙)

䷺ 第五爻變(風水渙)

䷅ 回來第四爻變(天水訟)

䷌ 下卦全變(天火同人)

(四)震宮(屬木)所屬八個重卦

䷲ 純震卦(震為雷)爲本宮各卦變動開始點

䷏ 第一爻變(雷地豫)

䷧ 第二爻變(雷水解)

䷟ 第三爻變(雷風恒)

䷭ 第四爻變(地風升)

䷯ 第五爻變(水風井)

䷛ 回來第四爻變(澤風大過)

䷐ 下卦全變(澤雷隨)

（五）

巽宮（屬木）所屬八個重卦

䷸ 純巽卦（巽為風） 為本宮各卦變動開始點

䷈ 第一爻變（風天小畜）

䷤ 第二爻變（風火家人）

䷩ 第三爻變（風雷益）

䷘ 第四爻變（天雷無妄）

䷔ 第五爻變（火雷噬嗑）

䷚ 回來第四爻變（山雷頤）

䷑ 下卦全變（山風蠱）

（六）坎宮（屬水）所屬八個重卦

䷜ 純坎卦（坎為水）爲本宮各卦變動開始點

䷻ 第一爻變（水澤節）

䷂ 第二爻變（水雷屯）

䷾ 第三爻變（水火既濟）

䷰ 第四爻變（澤火革）

䷶ 第五爻變（雷火豐）

䷣ 回來第四爻變（地火明夷）

䷆ 下卦全變（地水師）

（七）

艮宮（屬土）所屬八個重卦

䷳ 純艮卦（艮爲山）為本宮各卦變動開始點

䷕ 第一爻變（山火賁）

䷙ 第二爻變（山天大畜）

䷨ 第三爻變（山澤損）

䷥ 第四爻變（火澤睽）

䷉ 第五爻變（天澤履）

䷼ 回來第四爻變（風澤中孚）

䷴ 下卦全變（風山漸）

(八)

坤宮(屬土)所屬八個重卦

䷁ 純坤卦(坤為地)爲本宮各卦變動開始點

䷗ 第一爻變(地雷復)

䷒ 第二爻變(地澤臨)

䷊ 第三爻變(地天泰)

䷡ 第四爻變(雷天大壯)

䷪ 第五爻變(澤天夬)

䷄ 回來第四爻變(水天需)

䷇ 下卦全變(水地比)

〔四大難卦〕：

以下並列的四卦，各卦均帶有☵坎水，在運勢上而言，屬於困難逆境之卦。

(3) ䷂ 水雷屯　開始之時遭遇困難。

(29) ䷜ 坎為水　開始與最後之時，進退均有困難。

(39) ䷦ 水山蹇　中途遭遇困難。

(47) ䷮ 澤水困　困難之極。最終之苦惱。

上卦(外卦)帶有☵坎卦者，主有外患，下卦(內卦)有坎者，主有內憂，故䷜坎為水表示內憂外患。由於坎具有穴、困難、苦難之卦象，故占得該卦時，必須自我保重，以挽救極險的狀況；並且步步為營，等候時機的到來，以謀脫離險境。

就逆境之卦而言，求得之卦時，如所占得的爻位接近上爻者，表示其困難將近結束。

〔彼我分析法〕：

該占法係將所占得的大成卦（本卦）加以分離，上卦（外卦）代表對方，下卦（內卦）代表自己。該種占法多運用於買賣交涉之類的占卦；但是，其並非隨時均可加以應用，祇不過是占法之中一種論斷而已。

譬如：䷴風山漸的上卦爲☴巽、風，視爲對方；下卦爲☶艮、山，視為自己。該種情形之下，且將對方四卦(雷、風、山、澤)的上卦如下列情形，加以倒置看看。

☳雷 ↓ ☶艮、山 ↓ 停止

☴風 ↓ ☱兌、澤 ↓ 誘惑

☶山 ↓ ☳震、雷 ↓ 前進

☱澤 ↓ ☴巽、風 ↓ 違背、迷惑

☰ 乾、天（不理睬）、☲ 離、火（看透）、☵ 坎、水（苦惱）、☷ 坤、地（不明瞭）等四卦加以倒置亦復相同，故仍持原來看法。

如前頁所示風山漸的上卦 ☴ 風變為 ☱ 兌，☱ 兌象為誘惑，而下卦 ☶ 艮為停止之象，故可視為對方雖有所引誘，惟自己不為所動，保持停止狀態。四爻、五爻帶有 ⚋ 陰爻時，則為對方朝我方前進，或有所引誘之意。

(3)

☵☳ 水雷屯　視為對方（☵坎、水）陷於困窮狀況，正在設法之中；自己（☳震、雷）則有意前進。

(50)

☲☴ 火風鼎　視為對方（☲離、火）已經看準，而自己（☴巽、風）卻持不同意對方的態度。

(11)

☷☰ 地天泰　視為對方（☷坤、地）態度不明確，而自己（☰乾、天）則假裝不在乎的態度。

(2) ䷁ 坤為地

視為我彼雙方態度均不明確，不得結果。

(23) ䷖ 山地剝

視為對方（☶ ↓ ☳ 震、雷）已經採取前進行動，而自己（☷ 坤、地）卻不能表明態度。

(58) ䷹ 兌為澤

視為對方（☱ ↓ ☴ 巽、風）不同意，自己（☱ 兌、澤）雖有所勸惑，仍不能表明態度。

對八卦象意配合具體的占卦目的，進行占斷，其可應用的範圍，實廣泛無比。另外，尚有將原卦的內卦陰陽互變，分析變更自我方針的一種占卦法：(6)䷅天水訟（不和、起爭執。對方態度強硬。意見不能溝通），將其下卦（內卦）反轉過來，則變成(13)䷌天火同人（與志同道合之奮交往則吉。受關懷、提攜）。但是，該卦對於起初占得的本卦所表示的運勢，並不意味可以全面改變。

〔彼我論卦〕：

該種卦法係將大成卦（本卦）當做我方，然後，將該大成卦整個掉轉過來，所得出之卦當做對方。譬如：䷒地澤臨代表我方，該卦上下掉轉則成䷓風地觀，係代表對方。賓主法爲分析買賣交涉或對方狀態的占法，不過也只是所有占法之中的一種論法；占卦時，並非一定要使用該一賓主法，不妨因應所占問的事物作一參考。

䷀ 乾為天

䷝ 離為火

䷼ 風澤中孚

䷁ 坤為地

䷚ 山雷頤

䷽ 雷山小過

䷜ 坎為水

䷛ 澤風大過

以上所列八種大成卦，其上卦、下卦均對等立，故主我方與對方均屬相同等質量。除去該八種以外的大成卦，有關其賓主法，謹略述如後：

我方：

(55) ䷶ 雷火豐

盛大　內部帶有苦惱　無持久性

對方：

(56) ䷷ 火山旅

親情淡薄　移動　孤獨　不安

(16) ䷏ 雷地豫

歡樂　完成準備　希望　易於疏忽

(15) ䷎ 地山謙

謙遜　謹慎　後期轉佳

(7) ䷆ 地水師

戰爭 損傷 不得平安

(8) ䷇ 水地比

親睦 平安 協力 遲緩

(40) ䷧ 雷水解

解決 放鬆 散除

(39) ䷦ 水山蹇

停頓 阻滯 動彈不得

(46) ䷭ 地風升

前進 地位上昇 循序前進

(45)

䷬

澤地萃

喜悅聚集　買賣繁昌　爭奪財產

(49)

䷰

澤火革

改革　轉換方向　愈往後愈佳

(50)

䷱

火風鼎

取新　跟隨機運　改正

(19)

䷒

地澤臨

希望　盛運　徐徐前進

(20)

䷓

風地觀

靜觀　觀察　受他人提拔　精神方面主吉

(41)

䷨ 山澤損

一時的損失 先賠後賺 徐徐前進

(42)

䷩ 風雷益

利益 先賺後賠 內部動搖

(60)

䷻ 水澤節

節制 緊張 段落

(59)

䷺ 風水渙

離散 心不安

(54)

䷵ 雷澤歸妹

顛倒順序 非常道

(53) ䷴ 風山漸

事物漸有進展 金錢上的苦惱

(48) ䷯ 水風井

重複 不能立即達成 守舊爲吉

(47) ䷮ 澤水困

困難 不如意 資金不足

(32) ䷟ 雷風恒

恒常 平穩 守舊 沒有進展

(31) ䷞ 澤山咸

迅速行動 感應 遠方有佳音

(24)

䷗

地雷復

再來　一陽來復　復活　順利推進

(23)

䷖

山地剝

從基礎開始崩潰　身為上司者感到困苦

(3)

䷂

水雷屯

創始的苦惱　萌芽　難以伸展

(4)

䷃

山水蒙

妄念　躊躇　曚昧　黑暗　後半轉佳

(51)

䷲

雷為震

奮進　有聲無形　共振波率(ㄌㄩˋ)

(52) ䷳

艮為山

止　再接再厲　經常阻滯

(17) ䷐

澤雷隨

隨從　臨機應變　改正

(18) ䷑

山風蠱

混亂　閉塞　來自內部的混亂

(36) ䷣

地火明夷

才能不受賞識　內心憂悒　地底發展

(35) ䷢

火地晉

前進　昇　進昇　沒有內容

(22)

䷕

山火賁

飾也 美觀 內部空虛 創建新機

(21)

䷔

火雷噬嗑

除去中間的障礙 逞強 買賣

(63)

䷾

水火既濟

完成 先好後壞 結束 一個階段成就

(64)

䷿

水火未濟

未完成 先壞後好 另一次延續進展

(33)

䷥

火澤睽

反目 背叛 後半轉佳 內部起鬨

(37)

風火家人

和睦 親愛 意思溝通

(58)

兌為澤

喜悅 小事有喜 沒有歸結 注意口角之爭

(59)

巽為風

疑惑 迷失而受損 中途受挫 不安定

(11)

地天泰

安定 中途陷於混亂 表面良好

(12)

天地否

否塞 半途開始亨通 困難

(26)

䷙

山天大畜

養精蓄銳 進行計劃 超科技

(25)

䷘

天雷无妄

順從趨勢演變 意外之災 迷惑 無有妄念

(5)

䷄

水天需

等待時機 期待 養精蓄銳

(6)

䷅

天水訟

申訴 不和 憂傷 爭執

(9)

䷈

風天小畜

稍後 時機未熟而焦躁

(10) ䷉

天澤履

冒險 履虎尾的危險 開始時有驚恐之事

(34) ䷡

雷天大壯

強壯 好強 沒有實質

(33) ䷠

天山遯

退 引退 凡事出錯

(14) ䷍

火天大有

盛大 物質上的滿足 因人際關係而勞苦

(13) ䷌

天火同人

協力 受提拔 性急 和睦

(43) ䷪ 澤天夬

解決　斷然實行　不測之災　文書上的錯誤

(44) ䷫ 天風姤

偶然相逢　迷惑多　交構

〔詮卦〕：

大成卦之中含有小成卦的八卦卦象者，稱詮卦。在占斷之時，以所含八卦卦象的意義為主，進行判斷。又稱爲大卦。該詮卦亦屬占斷時的一項參考，並不一定需要觀察出來。即「以二用一」的理論。

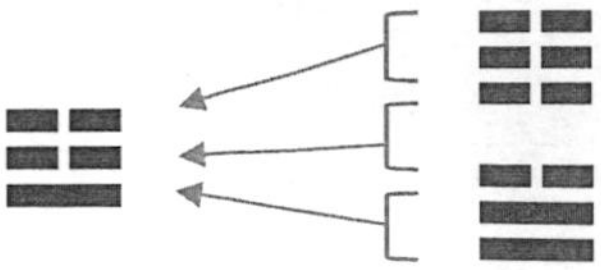

地澤臨

震（大震）

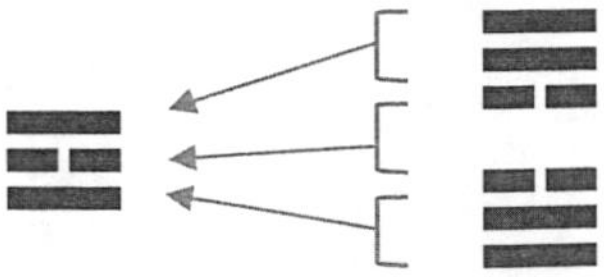

風澤中孚

離（大離）

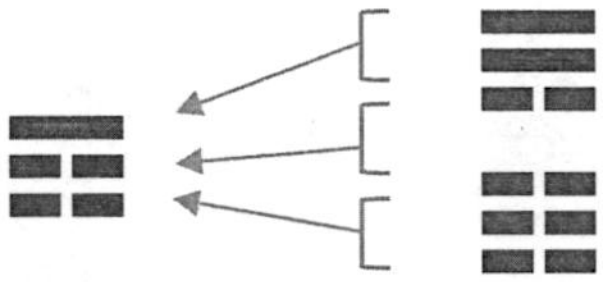

風地觀

艮（大艮）

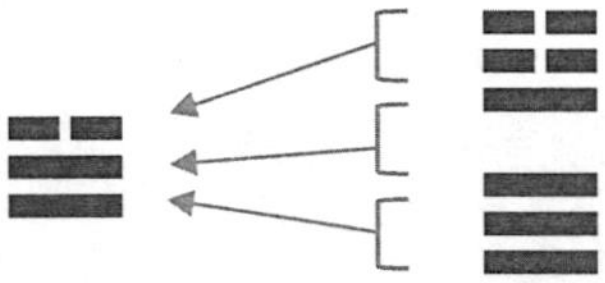

雷天大壯

兌（大兌）

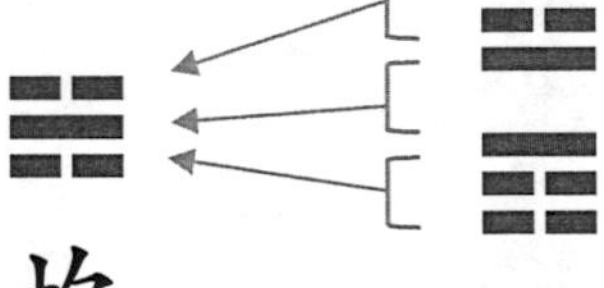

雷山小過

坎（大坎）

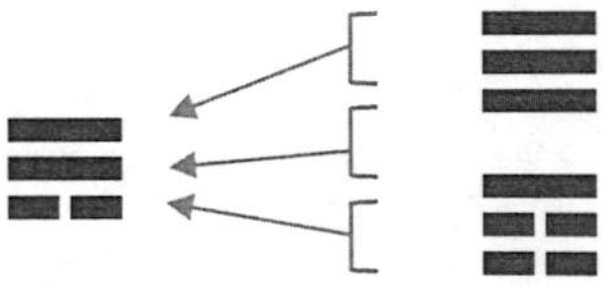

天山遯

巽（大巽）

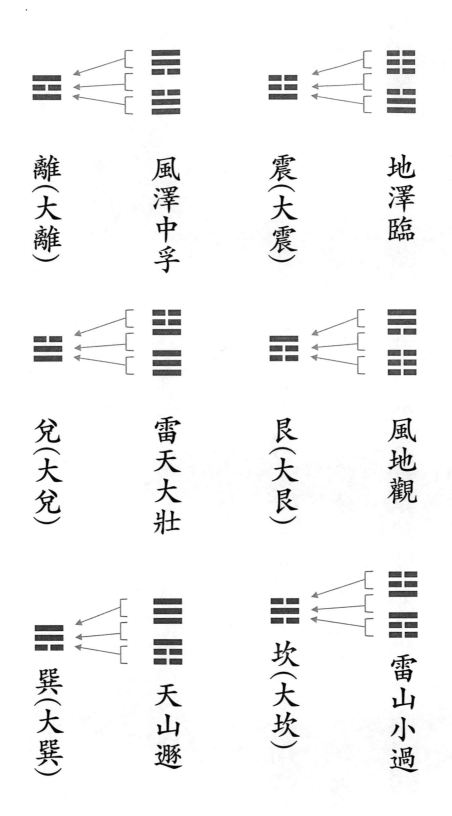

雷山小過（大成卦）包含坎（小成卦）象，視為水、苦惱。風地觀（大成卦）包含艮（小成卦）象，故視為停止。

【包卦】：

以下所列舉之卦稱做包卦，觀察內互法之包爻呈卦。

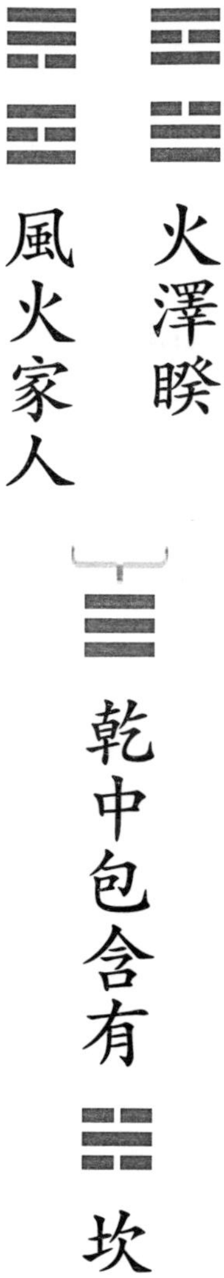

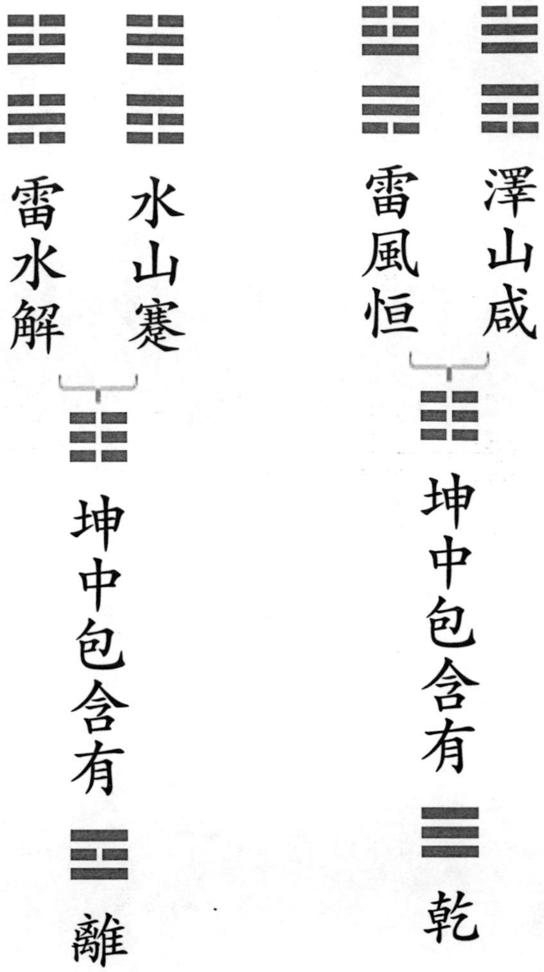

◎包卦僅示卦相有互比之卦相，以「內三爻」成一單卦相。

于：「四重卦」中有「天象學之理論闡述」。

〔互卦〕：

四爻可互卦，即：「四盈而成易」。大成卦(本卦)的二爻、三爻、四爻稱為互卦，三爻、四爻、五爻稱為約象。本卦為 ☷☱ 地澤臨，則其互卦為 ☳ 震、雷，約象為 ☰ 坤、地。將約象的 ☷ 坤、地作爲上卦，互卦的 ☳ 震、雷作為下卦，則成 ☷☳ 地雷復的大成卦。

以該本卦的上卦(外卦)代表對方，下卦(內卦)代表我方，則可說是對方與我方的接觸點或是現況，即使彼我形態上而言，也可以說是呈現出一種交錯狀態。

進行占斷時，觀察該一由互卦與約象(二者合一，通稱互卦)所組成的大成卦，可以提供解決現況的一項線索；並且，其可視為潛藏著的事情，配合、對照所得出的本卦(此處是指 ☷☱ 地澤臨)，更可得出實際而具體的占斷。

所以，互卦、約象可以說是占斷的關鍵，觀察互卦與約象之象，復可謀得解決問題的方法。

譬如：☴☴ 巽為風的互卦 ☱ 兌、澤，約象為 ☲ 離、火，根據 ☲ 離、火之象，則可判斷該事物是否與文書之類有所牽連，這也是一種占法上的應用。

◎每一卦六爻中與上、中、下之四爻成互，則有三卦十八爻。

〈九〉占斷人事重點：

左列占法圖解係說明占問具體事實的時候，所使用的各種方法。配合本卦、之卦加以研究，則各該占法均可作為占斷時的一種參考。占斷之妙全然存乎於此。占斷方法復因個人的深入研究與分析，必然有所領悟，而變成自己的易占。一般而言，占卦時，如果出現不好的卦，往往都會想重新卜筮(占卦)一次；但是，再度進行占卜的話，易占必然不會給予明確的指示或顯示正確的事態。所以，首先必須熟諳八卦或六十四卦的象意，然後，研究該卦並對照具體事實，進行占斷，方能掌握解決問題的重要鎖鑰。

至於，想瞭解其中或隱藏的情事、進退之策或情勢時，則可根據詮卦、或是將內卦、外卦的陰陽爻互變，當可有所明瞭。但是，必需熟諳八卦卦象，則該類占法必然運用自如。

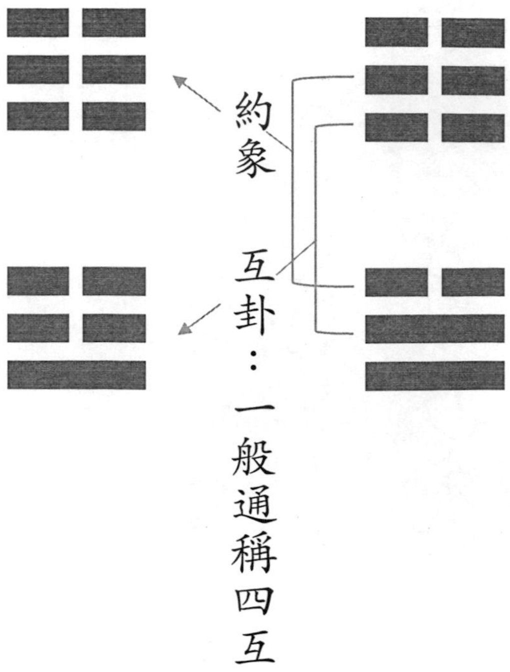

〔六十四卦象及認卦捷徑表〕：

上卦＼下卦	1. 天乾 ☰	2. 澤兌 ☱	3. 火離 ☲	4. 雷震 ☳	5. 風巽 ☴	6. 水坎 ☵	7. 山艮 ☶	8. 地坤 ☷
☰ 1. 天乾	乾為天 1	天澤履 10	天火同人 13	天雷無妄 25	天風姤 44	天水訟 6	天山遯 33	天地否 12
☱ 2. 澤兌	澤天夬 43	兌為澤 58	澤火革 49	澤雷隨 17	澤風大過 28	澤水困 47	澤山咸 31	澤地萃 45
☲ 3. 火離	火天大有 14	火澤睽 38	離為火 30	火雷噬嗑 21	火風鼎 50	火水未濟 64	火山旅 56	火地晉 35
☳ 4. 雷震	雷天大壯 34	雷澤歸妹 54	雷火豐 55	震為雷 51	雷風恒 31	雷水解 40	雷山小過 62	雷地豫 16
☴ 5. 風巽	風天小畜 9	風澤中孚 61	風火家人 37	風雷益 42	巽為風 57	風水渙 59	風山漸 53	風地觀 20
☵ 6. 水坎	水天需 5	水澤節 60	水火既濟 63	水雷屯 3	水風井 48	坎為水 29	水山蹇 39	水地比 8
☶ 7. 山艮	山天大畜 26	山澤損 41	山火賁 22	山雷頤 27	山風蠱 18	山水蒙 4	艮為山 52	山地剝 23
☷ 8. 地坤	地天泰 11	地澤臨 19	地火明夷 36	地雷復 24	地風升 46	地水師 7	地山謙 15	坤為地 2

國家圖書館出版品預行編目(CIP)資料

易經錯了幾千年 : 世界唯一。易經宇宙觀論卦。
88坤地卦 / 林永昌著. -- [高雄市] : 林永昌,
民111.04
235面 ; 18.2X25.7公分
ISBN 978-626-01-0026-1(平裝)

1.CST: 易經 2.CST: 注釋

121.1 111005614

易經錯了幾千年：世界唯一。易經宇宙觀論卦。88坤地卦

中華民國111年4月出版發行

著作：林永昌

出版者：林永昌

版權聯絡人：林芝伶

信箱：wenwenyaya520@gmail.com

印刷廠：海王星數位輸出影印店

印刷廠地址：高雄市三民區建工路413巷1號

印刷廠電話：07-3980591

定　價：新台幣500元整